LE JOUR OÙ NINA SIMONE
A CESSÉ DE CHANTER

DES MÊMES AUTEURS AUX ÉDITIONS ACTES SUD

Le jour où Nina Simone a cessé de chanter, 2008.

© ACTES SUD, 2008
ISBN 978-2-7427-9310-5

DARINA AL-JOUNDI
MOHAMED KACIMI

LE JOUR
OÙ NINA SIMONE
A CESSÉ DE CHANTER

récit

BΛBEL

AVANT-PROPOS

Au mois de juin 2006, j'organisais une ma-
nifestation autour de Beyrouth dans un
théâtre parisien. A l'issue des représenta-
tions, une jeune femme, habillée en noir,
timide, effarouchée même, est venue vers
moi, elle m'a donné un manuscrit et sans
dire un mot elle a disparu. Je l'ai lu le soir
même. C'était une lettre ouverte à son père,
qui avait rêvé pour sa fille la plus grande
des libertés et qui allait justement, à cause
de cette liberté, connaître la pire des servi-
tudes. Le texte était pudique, métaphorique.
Je l'ai appelée pour savoir si elle était prête
à aller plus loin, à vider réellement son sac.
Elle s'est prêtée au jeu avec une transpa-
rence inouïe. Elle me faisait le récit de son
enfance, de ses guerres, de ses drogues et
de ses amours sans aucune censure. Elle
racontait, j'écrivais. De cette rencontre est née
une grande amitié et un texte de théâtre que
j'ai soumis à Alain Timar, directeur du Théâtre
des Halles à Avignon. Le lendemain, celui-ci

prenait le TGV pour lui proposer de la mettre en scène et de l'accueillir dans son théâtre pour le Festival d'Avignon. Elle qui était comédienne depuis l'âge de huit ans n'avait jamais joué en France. Son exil du Liban l'avait éloignée de la scène. Elle avait une telle avidité de jeu qu'au troisième jour les gens se battaient pour la voir. Impie, belle, ardente, et libérée, elle valait son pesant de poudre dans la Chapelle Sainte-Claire.

Toute la presse nationale a parlé de sa performance. Laure Adler et Fabienne Pascaud diront d'elle qu'elle a été la révélation du festival 2007. Le conte de fées allait se prolonger. Thierry Fabre, qui avait vu le spectacle, nous a demandé d'en faire un récit. Nous nous sommes retrouvés à Paris. Chaque jour, Darina me racontait, tantôt en arabe tantôt en français, année par année, sa vie, et, moi, j'écrivais. A la fin, je me suis retrouvé avec des centaines de feuillets. Il fallait agencer le tout, sans jamais perdre la musique de son récit oral, en faire une fiction où tout est vrai. La vie roman de Darina raconte aussi l'histoire insensée de ce Liban qui jubile en temps de guerre et s'effondre en temps de paix, tout comme elle dit combien est vulnérable la liberté de la femme, qui restera à jamais une langue étrangère aux yeux de l'homme.

MOHAMED KACIMI

1

— Arrêtez ce Coran de malheur !

Je ne sais pas pourquoi j'ai crié. Mais je devais crier pour ne pas trahir la promesse faite à mon père : ne laisser personne lire le Coran à son enterrement.

Mon père est mort le jour où il a compris qu'il n'avait plus d'histoires à me raconter. Je suis devant sa dépouille. Il est nu, au milieu de la grande pièce, recouvert d'un simple linceul blanc. Allongé sur le dos, il a les mains croisées sur le sexe. Je le regarde, il a l'air tellement serein. C'est la première fois de ma vie où je le sens en paix. Je ne regrette pas sa mort. Je savais depuis longtemps qu'il allait mourir parce qu'il m'avait tout dit. De la fenêtre ouverte, je vois les maisons de mon village, Arnoun, qu'on appelait château de Beaufort. Les maisons bombardées fument encore. L'armée israélienne vient juste d'évacuer le Sud-Liban après vingt ans d'occupation. Je vois les collines alentour, elles sont noires de monde. Les gens sont venus de Tyr, de Sidon, de Damas, d'Alep, de Beyrouth, d'Aman assister aux funérailles de mon père. Je lui caresse le visage, il a une peau de bébé, même pas froide. C'est le mois de janvier. Il pleut, je sens l'odeur de la pluie monter de la terre rouge du Sud-Liban. Je vois, au loin, les plaines de la Galilée. Je vois, là-haut, la neige qui tombe lentement sur les sommets du mont Hermon. La porte de la chambre s'ouvre, des femmes en noir surgissent. Elles pleurent, elles gémissent. Elles se jettent sur mon père. Elles lui embrassent le visage. Elles lui embrassent les mains. Elles lui embrassent les pieds avec une avidité ! Je murmure à l'oreille de mon père :

— Salopard, tu n'en rates pas une.

Soudain, j'ai entendu une voix étrange qui m'a déchiré le ventre. Un cri insupportable qui m'a fendu le crâne, m'a troué la peau : quelqu'un était en train de hurler des sourates du Coran. J'ai ouvert la porte de la pièce voisine. Elle était pleine de femmes en noir, elles pleuraient autour d'un radiocassette qui diffusait des prières. Je les ai enjambées, je les ai piétinées, je me suis emparée du radiocassette. J'en ai coupé le son. Les femmes poussaient des cri d'horreur. Ma mère, mes sœurs tentaient de me rattraper :

— Arrête, tu es folle, reviens, ce n'est pas le moment…

J'ai couru me réfugier dans la chambre de mon père. J'ai fermé à double tour la lourde porte en chêne. J'ai entendu les hommes hurler :

— Espèce de folle, remets le Coran sinon on te tue. Ouvre salope, ouvre ! On ne coupe pas la parole de Dieu. Ouvre putain, si tu touches au Livre de Dieu, tu es morte.

De derrière la porte, je criais à mon tour :

— Ce Dieu n'est pas le Dieu de mon père ! Il n'a jamais eu de Dieu, mon père. Il m'a fait jurer : "Ma fille, fais gaffe à ce que ces chiens ne mettent pas du Coran le jour de ma mort. Ma fille, je t'en prie, je voudrais du jazz à ma mort, et même du hip hop, mais surtout pas du Coran." Je veux bien lui mettre Nina Simone, Miles Davis, Fairouz, et même Mireille Mathieu, mais pas de Coran. Vous m'entendez, je vais lui passer à la place de vos prières *Le Dernier Tango à Paris*. Il aimait *La Coupole* et le beurre, papa. Il prenait toujours du Fleurier demi-sel. Vous ne l'enterrerez pas comme ça, vous ne l'aurez pas. Je ne vous ouvrirai jamais.

J'ai enlevé la cassette du Coran et j'ai mis à la place *Save Me* de Nina Simone. Les coups redoublaient contre la porte. Moi, je dansais seule face à mon père. Je lui parlais fort, comme si je voulais le réveiller de sa mort :

— Heureux ? Tu l'as eue ta Nina Simone, tu l'as eu ton jazz, je t'ai épargné le Coran, n'est-ce pas ? Et maintenant qu'est-ce que je fais ? Qui va me protéger contre ces monstres ! C'est toi qui me l'as appris : "Méfie-toi, ma fille, tous les hommes de ce pays sont des monstres pour les femmes. Ils sont obsédés par les apparences, ils sont ligotés par les coutumes, ils sont rongés par Dieu, ils sont bouffés par leurs mères, ils sont taraudés par le fric, ils passent leur vie à offrir sur un plateau leur cul au bon Dieu, ils ouvrent leur braguette comme on arme une mitraillette, ils lâchent leur sexe sur les femmes, comme on lâche des pitbulls. Quels chiens !"

Tout à l'heure une de tes ex-maîtresses a voulu t'embrasser les mains. Je lui ai conseillé de t'embrasser la bite. On ne sait jamais, elle aurait pu te ressusciter. Elle aurait joué Jésus et toi, Lazare.

2

Enfant, je mordais tout le monde. Ma sœur Nayla a toujours les marques de mes dents sur le corps. Je détestais m'habiller en fille. Je coupais mes cheveux noirs très court. J'avais la gueule d'un petit voyou. Les gens du village m'appelaient "le petit Hassan". Ils étaient persuadés que j'étais un garçon. J'avais horreur de me laver tellement il faisait froid. J'étais sale à force de chasser des sauterelles que je mettais dans des boîtes d'allumettes après leur avoir brisé les pattes. J'en faisais des salades que j'offrais aux enfants du village d'Arnoun.

Notre maison avait été construite avec les pierres du château de Beaufort, une citadelle érigée par les croisés au XIe siècle. Elle contrôlait la route de Palestine. La maison était isolée du reste du village. Le chemin qui y mène est bordé d'une allée de tilleuls et de saules pleureurs. La terre des champs alentour est rouge sang. Elle est couverte de grands tournesols et de blocs d'argile blancs qui ressemblent à des sculptures d'un bestiaire fabuleux.

C'était un drôle d'oiseau mon père. Il est né en 1933, dans une ville du Nord de la Syrie, Salamiyeh. Une ville peuplée de poètes, d'écrivains et de communistes. La plupart de ses habitants sont des ismaélites, une secte de néoplatoniciens pour qui la raison prime sur la foi. Les ismaélites ont un temple où ils prient Aristote et Platon à la place de Jésus et de Mahomet.

A vingt-cinq ans, en 1958, mon père s'exile au Liban, où il enseigne la littérature et la philosophie à Tyr, puis à Beyrouth. Durant toute sa vie, il ne perdra jamais son accent de Salamiyeh. Il portait toujours une *abaya*, et des nu-pieds en cuir que sa mère lui envoyait chaque année de Syrie, avec une boîte de gâteaux, le jour de l'Aïd. Il avait rencontré ma mère à Beyrouth. Elle est tombée enceinte de lui très vite. Ils ont été contraints de se marier pour éviter le scandale.

Ma mère était l'un des grands noms de la radio libanaise. Elle est issue d'une grande famille de propriétaires terriens, lettrés, son père était officier de gendarmerie. Il avait servi dans l'armée du chérif Hussein de Jordanie. Ce dernier lui avait confié son dernier drapeau. Mon grand-père l'avait rangé dans la haute armoire de sa chambre. Le chérif avait écrit dessus ceci : "Ce drapeau ira à celui qui libérera un jour Jérusalem."

Enfants, nous croyions que la Palestine était un conte de fées.

Comme mon grand-père ne finissait jamais ce qu'il entreprenait, la salle de bains était restée sans toit. Je prenais mes douches sous le soleil ou sous le ciel étoilé. Dans les champs se trouvait un bassin où l'on recueillait l'eau de pluie. Personne dans le Sud n'avait d'eau courante.

Ma grand-mère, elle, venait d'une famille de propriétaires terriens de Ghandouriyeh. Elle avait des terrains sur les bords du Litani où nous allions passer nos vacances. Elle n'avait jamais mis le voile. Dans tout le Sud, à l'époque, aucune femme n'en portait et personne ne faisait le ramadan.

J'allais souvent, au crépuscule, visiter les ruines de la citadelle de Beaufort avec mon père. Il m'assurait que le lieu était hanté par un chevalier qui venait chercher sa maîtresse habillée d'une ample robe bleue. Je le croyais tellement que j'entendais dans le noir le baiser de ces amants.

Mon père avait à l'époque une Simca bleue, il travaillait au journal *Le Destour*, à Beyrouth, et enseignait à l'école orthodoxe. Il aimait boire, écouter de la musique, être entouré de femmes. Il était très attaché à Arnoun qui lui rappelait son village natal, Salamiyeh. Nos réveils étaient matinaux. A l'aube, Khadîdja, la femme de ménage, frappait aux portes. Elle préparait des galettes avec de la pâte fine, du sucre et du beurre.

Moi, je prenais la marmite pour aller chercher du lait à la ferme voisine. A mon retour, la table était couverte d'olives, de fromage blanc, de tomates qui sentaient l'été, de concombres et surtout de corbeilles de figues de Barbarie qui me donnaient des constipations inoubliables.

Nous étions trois sœurs, mais Rana, l'aînée, était depuis le début très loin de nous. Elle écrivait des poèmes et était très liée à grand-père qu'elle ne quittait jamais. J'étais trop cruelle et ma sœur Nayla était trop douce. Je lui remplissais les narines de petits pois, je lui servais des fruits remplis de vers. Elle me faisait confiance. Elle avalait tout, les yeux fermés.

Mon père, loin de me faire la leçon, jubilait de mes bêtises. Il avait une passion barbare pour tous mes écarts. Dès notre haute enfance, je crois qu'il avait refusé son rôle de père, pour être le complice de nos fautes, de nos errements et de notre réussite. Pour nous apprendre l'arabe, il nous chantait des chansons de Salamiyeh à 6 heures du matin, il adorait qu'on se réveille tôt. Même dans les chiottes, il nous donnait la réplique en poésie. Il avait écrit un seul recueil de poésie, durant un séjour en prison en Syrie, sur des paquets de cigarettes. Il en récitait des vers, quand il ne mettait pas à fond la Callas avant de se plonger à voix haute dans les poésies bachiques arabes. Il adulait Mahmoud Darwich et exécrait Adonis qui n'a jamais condamné la dictature du régime alaouite de Damas. Il passait des soirées à évoquer la gloire des Omeyades ou des Abbassides avant de se lancer parfois dans un discours sur le matérialisme dialectique. Il nous assurait que Marx était né à Salamiyeh.

Au crépuscule, mes parents s'installaient sous une treille qui formait presque une tente et qui prodiguait une ombre incroyable. Nous avions une table en bois, recouverte d'une toile cirée jaune. Ils jouaient aux cartes, en buvant de l'arak. Mon père fumait beaucoup, cinq paquets de Gitanes par jour. Il laissait tout le temps tomber sa cendre et tous les tapis de la maison en étaient recouverts. Ma mère était très amoureuse de lui. Elle savait qu'il avait beaucoup d'aventures mais elle faisait comme si elle n'était au courant de rien.

Notre enfance était une fête permanente. Nos parents nous apprenaient le sens de la beauté. Les poètes, les journalistes, les militants frappaient toujours à l'improviste à la porte, à n'importe quelle heure. Ma mère improvisait tout le temps. En un clin d'œil, elle dressait une table pour vingt personnes. Mezzés, grillades, feuilles de vigne, *kebbé*, fromages, ailes de poulet, falafels se déversaient sur la table comme par miracle. L'alcool coulait à flots. Enfants,

par cœur toutes les histoires, j'aime la messe, ne me chassez pas.

J'ai vu dans son regard bleu un sentiment de pitié. Elle m'a caressé les cheveux en me posant la question avec une voix très douce :

— Pourquoi tu aimes tant le catéchisme, mon enfant ?

Dans un élan de vérité rare, j'ai répondu :

— Pour l'histoire de la pute, j'adore les histoires de putes.

Elle a embrassé sa croix en marmonnant "Seigneur, on ne les changera jamais" avant de me crier au visage :

— Allez ouste !

J'ai rarement ressenti aussi fort l'injustice. J'ai attendu la fin de la messe. Pour me venger, je me suis glissée dans la chapelle. Je suis montée sur une chaise et j'ai fait pipi dans le bénitier. La porte s'est ouverte d'un coup. Sœur Emmanuelle m'a surprise, la culotte baissée, la robe relevée. Elle m'a bouché les tympans avec de la Vache qui rit avant de m'enfermer dans la cellule des rats. J'y ai passé des heures. Seulement cette fois-ci je n'ai pas attendu l'arrivée de Jésus-Christ.

3

Beyrouth était une ville libre, l'oasis de tous les intellectuels arabes interdits de parole dans leurs pays. C'était aussi la capitale de l'OLP, les Palestiniens y faisaient la loi, Beyrouth était leur république. Beyrouth c'était aussi un bordel, avec les putes de Hamra et celles du port qui tapinaient aux alentours de Saint-Georges. Mon père passait sa vie entre la *Dolce Vita* à Raouché, et le *Horse Shoe* à Hamra. Il enseignait le matin, passait ses soirées dans les rédactions des journaux et achevait ses nuits à boire et à danser à l'*Oncle Sam*, à la *Cave des Rois* ou au *Whisky à Gogo*. C'était la *dolce vita*. Il sortait tout le temps avec ma mère, ils faisaient la nouba tous les deux. Il n'a jamais caché sa femme, comme le font la plupart des Arabes. Il a écrit treize romans et tous ses poèmes aux terrasses des cafés.

Je suis née le 25 février 1968 à Beyrouth, mon père était absent le jour de ma

naissance, il venait de prendre le maquis pour "libérer la Palestine". Je me souviens de son retour. J'étais dans ma chambre, je venais d'avoir trois ans, je vois un homme assez grand, de grands yeux bleus, avec un début de calvitie, il se jette sur moi, je me sauve en larmes, c'était mon père, il n'oubliera jamais cette première rencontre. On habitait une grande maison avec mes parents et mes deux sœurs à Ain-el-Roumaneh, en plein quartier chrétien.

Mon père était un laïc fervent. Durant toute sa vie, il a veillé à n'habiter que dans les quartiers chrétiens et à ne nous scolariser que dans des écoles catholiques. Il admirait le Christ, il le comparait à Guevara. Il le trouvait beau et il disait qu'un type qui transforme l'eau en vin ne peut pas être foncièrement mauvais.

Quand j'ai eu cinq ans, mon père, de plus en plus laïque, m'a inscrite chez les bonnes sœurs, à la Sainte-Famille, dans le quartier de Baabda. Jamais il ne m'avait dit si j'étais chrétienne ou musulmane. J'adorais fréquenter la chapelle de l'école, je me soûlais avec l'odeur de l'encens, je ne ratais jamais les messes en arabe classique et en latin. J'admirais le spectacle des chrétiennes libanaises quand elles entrent dans une église : elles se jettent avec une telle gourmandise sur la statue du Christ. Elles lui empoignent les hanches, elles le couvrent de baisers sonores des genoux jusqu'aux seins. Elles lui

lèchent le nombril, lui lapent les cuisses. J'ai appris à mon tour à prendre le Christ par la taille et à lui baiser le pagne. Je devenais une vraie maronite.

À l'école, il était strictement interdit de parler en arabe durant les cours et la récréation. Les bonnes sœurs nous distribuaient durant la première heure des bûchettes qu'on appelait "signaux". Dès qu'un enfant prononçait un mot en arabe, un mouchard lui glissait un "signal" dans la poche. En fin de journée, elles faisaient le compte des infractions commises dans notre langue maternelle et nous punissaient. Elève turbulente, j'étais chaque jour contrainte de recopier des centaines de fois : "Je ne parlerai jamais en arabe."

Je n'aimais pas les cours, ni le français, ni le calcul, mais j'étais une fanatique du catéchisme. J'avalais par poignées les hosties et je me laissais bercer par les histoires de Marie Madeleine, de Lazare, de Judas, de la pêche miraculeuse. Je jubilais quand sœur Marie nous racontait l'histoire de Jésus et de la prostituée. Beyrouth était une ville de putes et je les imaginais toutes embrassant le Christ pour leur avoir épargné de recevoir des pierres sur la gueule.

Je suçais tout le temps mon pouce et je jouais avec mon nombril. Ma mère a tout essayé, en vain. Un soir, elle a mis un drap

sur la tête et a fait irruption dans notre chambre. J'ai piqué un grand fou rire, mais ma sœur aînée a fait pipi sur elle. Rana était très autoritaire. Un jour qu'elle avait accaparé la balançoire, je l'ai suppliée de me laisser jouer un peu. Elle a refusé. J'ai pris une grosse pierre. Elle m'a regardée d'un air menaçant :

— Frappe si tu es un homme !

J'ai frappé très fort. Elle s'en est sortie avec cinq points de suture sur le front.

Je chantais tout le temps avec Nayla. Mon père se servait de nous comme d'un juke-box, durant ses soirées avec ses amis. Il nous faisait beaucoup sortir. Avec lui, j'ai découvert très tôt le théâtre en allant voir au Grand Théâtre de Beyrouth jouer Chouchou, le comédien le plus populaire à l'époque. Il avait de très longues moustaches, à la Pierre Vassiliu. Je m'étais glissée un soir dans sa loge. Je voulais juste lui tirer les moustaches pour m'assurer qu'elles étaient vraies. Mais les vigiles ont déjoué mon projet.

Un jour, à la Sainte-Famille, j'étais en cours préparatoire, j'ai fait un pari stupide avec mes copines : relever la jupe bleue de sœur Marie-Thérèse au moment où elle se penchait sur l'autel de la chapelle pour allumer les cierges. Je l'ai fait. Pour me punir, elle m'a écrasé du fromage sur le cou, le visage, les mains et les jambes avant de m'enfermer dans une minuscule cellule sans lumière :

— Tu vas voir, petite mécréante, les rats vont venir te dévorer tout le corps.

20

Je n'avais pas peur. Forte de mon catéchisme, je me disais que Jésus allait venir
jeter des pierres sur les rats, si jamais ils m'at-
taquaient.

4

Mes grands-parents ont décidé de démé-
nager en 1973, pour habiter dans le même
immeuble que nous. Nous habitions un
plus grand appartement, qui donnait sur
d'immenses vergers.

Ma grand-mère paternelle syrienne passait le plus clair de son temps chez nous.
Elle venait d'avoir soixante-dix ans. Elle
pouvait passer des heures à enduire ses
cheveux d'huile d'olive. Elle avait une poitrine d'une opulence rare. Moi, je rêvais de
voir ses seins. Un après-midi d'été, elle s'était
retirée pour prendre son bain. C'était l'occasion ou jamais. J'ai ouvert d'un coup la porte.
Elle était nue, debout dans la baignoire, les
cheveux tout noirs, le sexe tout blanc, sa
peau formait des bourrelets infinis. Et ses
seins, inoubliables, pareils à des outres, avec
une aréole large comme une orange, lui
tombaient jusqu'à la taille. J'ai fermé la
porte et j'ai hurlé :

— Mamie a des seins de vache, mamie
a des seins de vache.

J'ai reçu la première correction de ma vie.

Nos nuits se passaient entre Hamra et la corniche, les plages de Saint-Georges et celle de Saint-Simon, les glaces mangées place des Canons, et les falafels de Sahyoune, les soirées de cinéma au *Rivoli*, et les chocolats au *Wimpy*. A Hamra, chaque poète, chaque auteur avait sa table et s'entourait de ses disciples. Les uns haranguaient les autres ou leur offraient des verres. Mon père ne pouvait jamais vivre sans un programme de fête ou de sortie. Il fallait tout le temps créer un événement, provoquer une situation pour inviter les amis. Les moments les plus critiques étaient ceux du retour. Il buvait beaucoup mais ne perdait jamais le nord. Aussi, il tenait à prendre le volant tout le temps.

La vie était belle, c'est vrai, mais, mes sœurs et moi, nous étions conscientes très tôt de ne pas être comme les autres. Notre père était un réfugié politique syrien, titulaire d'une simple carte de séjour renouvelable tous les trois mois et notre mère libanaise ne pouvait pas, en fonction de la loi qui règne dans tous les pays arabes, nous transmettre sa nationalité parce qu'elle était une femme. Nous étions toutes les trois sans papiers dans le pays où nous étions nées. Et dans ce Liban où chacun n'existe que par sa communauté et sa confession, nous n'avions ni communauté, ni confession. Nous ne savions

pas si nous étions chrétiennes ou musul-
manes.

Quand nous posions la question à notre
père, il répondait :

— Vous êtes des filles libres. Un point
c'est tout.

Après les seins de grand-mère, je me
suis prise de passion pour les couilles des
garçons. J'étais là aussi fascinée par leur tex-
ture, ces plis qui ressemblent à du velours
côtelé, cette chose qui tantôt est molle, et
pend comme un fruit pourri, tantôt se dilate
et devient lisse comme une pierre ponce. Je
voulais en percer le mystère. L'occasion
s'est présentée le jour où un de mes jeunes cousins est venu passer la nuit chez
nous. Il devait avoir huit ans. Sans préam-
bule aucun, et au moment où tout le monde
s'était endormi, je l'ai attiré dans ma chambre, je lui ai enlevé de force son pantalon.
Quand j'ai vu son sexe, j'ai ressenti comme
une faim de loup, j'ai eu envie de lui presser
les couilles comme une grappe de raisin,
pas pour lui faire mal mais par pure gourmandise, pareille à l'envie de malaxer un
caramel mou. J'ai serré de toutes mes forces
l'objet de toutes mes convoitises. Il a poussé
un cri qui a réveillé l'immeuble.

Le soir de mon huitième anniversaire,
le 25 février 1975, mon père m'attendait
seul à la maison. Ma mère était encore à la
radio. Il a mis un disque de Nina Simone,
I'm Feeling Good. Il a allumé une bougie

fichée dans une bouteille de Ballantine's. Il m'a demandé de m'asseoir face à lui. Il a pris deux verres de cristal avant de sortir une bouteille de bordeaux, un pessac-léognan. Il était sérieux comme pour une messe. Il m'a servi très lentement un premier verre avant de me dire :

— Dardoura, ma fille, maintenant tu es une grande fille. Tu dois commencer à goûter aux vrais plaisirs de la vie.

J'ai levé mon verre à sa santé. J'ai bu, j'ai senti de la chaleur dans mon ventre, je regardais les yeux bleus de mon père qui brillaient comme jamais, je regardais la flamme qui dansait et qui semblait grandir de plus en plus, à travers la fenêtre ouverte, j'écoutais Nina Simone, je voyais la montagne au sommet couvert de neige, je me sentais monter très haut dans le ciel de Beyrouth.

— Alors, ma fille, m'a-t-il demandé, tu te sens comment ?

— Je me sens plus haut que le ciel, papa.

— Bravo, tu as compris la vraie destination du bordeaux.

Il m'a servi plusieurs verres. A la fin, tout tournait dans ma tête, la montagne, ses yeux, la bougie et surtout Nina Simone. Je trébuchais, lui, en face, était plié de rire. Je n'arrivais plus à parler, ma main tremblait, je cherchais un verre d'eau que je n'arrivais pas à attraper. Mon père riait comme un enfant

n ivresse. Soudain la porte s'est ou-
Mon grand-père, qui était un homme
religieux, a vu la scène. Il m'a prise dans ses
bras pour m'emmener vomir dans les toilettes. Il a hurlé à la face de mon père :

— Tu es fou, déjà que tu es athée tu
veux en plus faire de tes filles des putes.
Tu leur donnes des cours d'ivresse, tu n'as
pas honte !

Mon père toujours aussi hilare lui a
lancé :

— Je n'en fais pas des putes, pépé, j'en
fais des femmes libres.

5

Chaque matin, Zeïna, une Palestinienne du Sud, venait faire le ménage chez nous. C'était une jeune fille très brune avec de longs cheveux frisés. Aux premiers jours du mois d'avril 1975, elle arrivait très souvent pâle, elle tremblait en passant le balai. Un jour, elle a surgi en larmes pour dire à mon père qu'elle ne pourrait plus venir chez nous, à l'est.

Mon père lui a demandé ce qui lui arrivait. En fait, tous les matins, elle se faisait injurier par les jeunes phalangistes qui traînaient en bas de l'immeuble et qui lui criaient "Rentre chez toi, sale Arabe", en lui lançant des pierres.

Mon père était hors de lui :

— Ah, oui, je les vois d'ici les Suédois qui traitent les Palestiniens comme des chiens. Ils le paieront cher un jour.

Zeïna est partie le jour même.

La plupart des familles chrétiennes libanaises se disent descendantes des Phéniciens.

Cette ascendance mythique et mytholo-
gique prestigieuse leur évite d'être apparen-
tées aux Arabes, définition qu'elles réservent
aux peuples de "basse extraction" comme
les Syriens, ou les Palestiniens qu'elles exè-
crent.

Le 13 avril 1975 était un dimanche. Ma
mère travaillait à la radio. J'entendais sa
voix, elle présentait les émissions. Mon père
a augmenté le volume de la radio qui annonçait que des militants du Parti nationa-
liste syrien avaient tué le garde du corps de
Pierre Gemayel lors de l'inauguration d'une
église à Beyrouth-Ouest.

Toute la famille était réunie pour le repas.
Il faisait chaud. Je suis montée chez grand-
mère au sixième étage.

Elle avait préparé un plat de *labné mkaa-
zalée*, du fromage blanc qu'on fait macérer
dans de l'huile d'olive. J'étais sur le balcon. Je
balançais les boules de fromage dans le vide.
J'ai vu les gens courir dans tous les sens. Il
y avait des coups de feu, des hommes couraient vers les vergers. Ma mère est arrivée en
courant, elle avait une boîte de pâtisseries,
elle sortait du travail, elle s'était arrêtée au
pont d'Ain-el-Roumaneh, elle avait vu les
phalangistes arrêter un bus empli de Palestiniens, les sortir pour les abattre les uns après
les autres. Moi, hébétée, je ne comprenais
pas, je continuais à jeter mes boules de fromage dans le vide, l'une d'elles est tombée
sur la tête d'un milicien qui, levant les yeux

vers le balcon, m'abreuva d'injures. Ce jour-là, la guerre commençait.

Le lendemain matin, je suis arrivée à la Sainte-Famille comme tous les jours. J'avais oublié les scènes de la veille. A 16 heures au moment de me rendre à la chapelle pour mon cours de catéchisme, sœur Marie-Thérèse m'a arrêtée :

— Tu vas où comme ça ?

— Au catéchisme, ma sœur !

— Tu es quoi ?

Je n'ai pas compris. Je ne m'étais jamais posé la question, mes parents non plus. Je suis restée interdite. La sœur était sur les nerfs. J'ai répondu :

— Je ne sais pas, ma sœur.

Elle était surprise, même entièrement déroutée par ma réponse :

— Comment tu ne sais pas ce que tu es ? Tes parents ne t'ont rien dit ?

— Dit quoi, ma sœur ?

— D'où tu étais.

Mon visage s'est illuminé, je commençais à comprendre :

— Si, je suis de Beyrouth.

— Je ne parle pas de ça, ils ont bien dû te dire à quelle Eglise tu appartenais.

J'ai fait signe que non de la tête.

Elle a eu pitié de moi.

— Ils sont morts ? Ils sont sourds-muets ?

— Non, ma sœur, ils parlent, ils sont vivants.

A ce moment, j'ai compris que j'étais vraiment un hiéroglyphe aux yeux de la bonne sœur qui s'est mise à crier :

— Comment tu ne sais pas, tu es au Liban, chacun sait d'où il vient, à quelle communauté il appartient, nous en avons dix-sept dans notre pays, est-ce que tu es arménienne, grecque orthodoxe, grecque catholique, syriaque, maronite, même les chats connaissent la confession des maisons où ils sont, même un chien sait au flair s'il est tenu en laisse par un Grec catholique ou un Grec orthodoxe. Dis-moi, il vient d'où ton père ?

— Il vient de Syrie, ma sœur.

Elle a serré sa croix au creux de sa main, avant de poursuivre l'interrogatoire :

— Et ta mère, elle vient d'où ?

— De Beyrouth-Est.

Elle a souri :

— Et tes grands-parents, ils sont d'où ?

— De Ghandouriyeh, ma sœur.

Elle a embrassé sa croix en murmurant "Doux Jésus, une musulmane". Elle m'a pris par le col de ma petite robe blanche :

— Allez, suis-moi, va jouer dans la cour avec les autres. Tu n'as pas droit au catéchisme. Tu es musulmane.

Et moi, plongée dans ce gouffre auquel je ne comprenais rien, je me suis accrochée à sa robe :

— Je vous en prie, sœur Marie-Thérèse, ne me privez pas de catéchisme, j'avale toutes les hosties à moi seule, je connais

nous dormions souvent sous la table pour ne pas rater un seul poème. Mon enfance, c'est un perpétuel tintement de verres d'arak et c'est le rire de mon père qui faisait trembler les murs.

6

Je n'ai pas de souvenir du ciel. Il me reste de cette année dans ma mémoire quelque chose de sombre, comme une fumée de pneus qui brûlent. Tout a basculé en quelques jours. La guerre couvait en fait depuis des années, depuis un siècle. Très vite nous avons appris à chercher les coins les plus sûrs de l'appartement, à mettre du plastique sur les vitres pour ne pas recevoir les éclats. Quand les tirs se rapprochaient trop de la maison, mon père venait nous tirer du lit pour nous installer dans le vestibule qui était plus sûr. Nos grands-parents avaient déserté l'appartement du sixième étage, trop exposé, pour vivre avec nous. Les journées se passaient à écouter l'émission *Amné wa salké* ("Comment sauver sa peau") dont l'animateur donnait d'heure en heure des informations sur les barrages, les points de contrôle à éviter, et les couloirs sûrs à emprunter. La vie se déroulait au son des balles et toujours avec la voix de Fairouz qui nous faisait oublier la guerre. L'été fut un peu plus calme, mais au mois de septembre la ville subissait de très violents bombardements. A l'est, les phalangistes dressaient des barrages partout. Ils filtraient les gens en fonction de leur confession marquée sur les cartes d'identité. Les musulmans étaient systématiquement abattus. Nous ne pouvions plus rester à l'est, d'autant qu'une rumeur persistante prêtait aux phalangistes le projet de nettoyer toute cette partie de la ville. Nos parents ont pris la décision de nous envoyer dans le Sud, à Arnoun.

Nous avons quitté Beyrouth, par un matin de septembre, à bord de la Volkswagen bleue de mon père. Il fredonnait des chansons bédouines, ma mère essayait de régler la radio pour écouter les nouvelles. Nous avons entendu une énorme explosion, comme si le ciel se déchirait au-dessus de nos têtes. Le ciel de Beyrouth d'un bleu indigo est soudain devenu noir. Par la vitre arrière, la ville apparaissait comme un champignon brûlé. La radio a arrêté de diffuser de la musique pour nous annoncer cette nouvelle : les avions de chasse israéliens viennent de bombarder la raffinerie de Beyrouth. Les pompiers tentent de maîtriser le gigantesque incendie. Nous étions toutes les trois à l'arrière. Rana se passait du rouge à ongles sur les doigts de pieds, Nayla mangeait des pistaches.

Quelques minutes plus tard un autre flash d'information nous apprenait que dans la nuit des miliciens palestiniens avaient investi le village chrétien de Damour pour décapiter plus de sept cents personnes, femmes, enfants et vieillards, en représailles à un massacre commis par les phalanges chrétiennes dans un camp palestinien.

J'ai demandé des pistaches à Nayla, elle n'en avait plus, je lui ai mordu les cuisses.

Nous avons trouvé refuge chez nos grands-parents à Arnoun. Nous avons été inscrites chez les bonnes sœurs à Nabatiyeh. Une voiture venait nous chercher le matin et nous ramenait l'après-midi. Nous avons oublié la guerre. Nos parents sont repartis à Beyrouth après nous avoir installé un chauffage dans le grand salon en prévision de l'hiver. Il faisait très froid. Je me souviens du jour où j'ai ouvert les yeux pour découvrir la nature toute blanche. Il avait neigé la veille, la citadelle de Beaufort ressemblait à un iceberg, flottant sous un ciel trop bleu. Il n'y avait personne. Les routes étaient bloquées. Le chauffeur ne pouvait pas venir nous chercher pour l'école. Je crois que toute la beauté des souvenirs de l'enfance vient des moments où l'on a raté l'école. Je me promenais seule au milieu des champs quand j'ai vu soudain jaillir une silhouette sombre, une tache sur la neige. C'était un petit enfant, noir, mais très noir. C'était la première fois de ma vie que j'en voyais un.

Je l'ai approché avec beaucoup de curio-
sité :

— Bonjour, comment tu t'appelles ?

Il grelottait, mais gardait le sourire :

— Je m'appelle Shadi.

— Et tu viens d'où ?

— D'Abidjan.

En bonne Libanaise, j'ai tout de suite rec-
tifié :

— Nous n'avons pas d'Abidjan dans notre
Sud.

— Idiote, Abidjan, c'est en Afrique.

L'Afrique, je connaissais, car mon père à
ma naissance avait été recruté par un oncle
diamantaire pour faire fortune en Sierra
Leone. Il y est resté un an. Il a gagné beaucoup d'argent qu'il a claqué en un mois et il
est rentré les poches vides mais avec une
torride histoire d'amour avec une Africaine
à qui il consacrera un roman érotique.

Le petit garçon était très beau. Il contras-
tait tellement avec le paysage enneigé. Je
l'ai pris par la main pour lui faire visiter la
citadelle. Je me souviens qu'à un moment
donné j'ai ressenti l'envie irrésistible de lui
palper les couilles. Mais quand j'ai vu qu'il
grelottait, j'ai eu pitié de lui. Je crois qu'il n'aurait pas survécu à ce jeu érotique.

Plus tard j'apprendrais que les Libanais
qui avaient émigré en masse en Afrique faisaient très souvent des enfants à leurs
employées ou domestiques africaines mais
qu'ils refusaient de laisser leur progéniture

à ces "sauvages", ils les envoyaient dans leur famille au Liban.

A la veille de Noël, mes parents sont venus nous chercher pour fêter le réveillon à Beyrouth. Mon père était tellement accaparé par l'idée de faire la fête qu'il ne se souciait même pas des barrages de plus en plus nombreux qui jalonnaient la route du Sud et où l'on pouvait disparaître d'un moment à l'autre. Nous étions coupés du monde, la radio de la voiture ne marchait plus. Nous sommes arrivés au coucher du soleil. Il y avait foule sur la corniche, des marchands ambulants proposaient du café et des gâteaux, la grotte aux Pigeons flambait sous le coucher de soleil. Il y avait ce vent froid qui donne au ciel plus de hauteur. Toutes les maisons de la montagne commençaient à s'illuminer. Mais une forte odeur de sang régnait sur la ville. Mon père a arrêté la voiture devant son journal, il en est ressorti quelques minutes après avec une longue dépêche : les phalangistes ont tué deux cents civils musulmans pour venger quatre chrétiens retrouvés morts à Broumaneh. L'auteur de ce massacre, que rien ne prédisposait à ce genre de crime, journaliste à *L'Orient-Le Jour*, avait perdu un fils au début de la guerre. Son fils aîné, Roland, s'était engagé dans les milices phalangistes, les Tigres, les plus meurtrières. Il est retrouvé mort le 5 décembre. Le 6 décembre, son père, armé d'un arsenal, descend dans Beyrouth et

exécute à lui seul soixante-quinze personnes. J'ai sous les yeux son témoignage :
"... Je me dirige vers les chiites épargnés
depuis une heure. Pour les liquider. Tous.
Nous n'étions plus des hommes. Les loups,
sans doute, sont moins cruels. Les musulmans, des dockers pour la plupart, étaient
liquidés d'une balle dans la tête. A coups
de revolver ou de kalachnikov. Nous entas-
sions les cadavres dans un camion bâché.
Des miliciens les transportaient et les balan-
çaient du haut d'un pont. Les plus déments
triomphaient. Je ne me sentais pas satisfait :
je n'éprouvais aucune joie, aucune exalta-
tion. Je tirais car il n'y avait plus d'innocents,
plus d'innocence. Tous les musulmans étaient
responsables de la mort de mes fils !"

Là, j'ai commencé à sentir que cette guerre
allait transformer en loups à la fois les bourreaux mais aussi les victimes.

7

A notre retour, grand-père a voulu nous faire une surprise, il avait peint en laque jaune les pierres de taille de la façade de la maison. Nous passions nos soirées d'hiver autour du poêle à charbon où nous faisions cuire des pommes de terre. Ma mère était à Beyrouth, mais tout le temps avec nous. A chaque heure, nous entendions sa voix à la radio. Elle lisait le bulletin d'information et le décompte des morts.

Le dimanche, je partais à l'aube avec grand-père assister à la cueillette du tabac, réservée exclusivement aux femmes. Tout le Sud était couvert de cette plante d'un vert émeraude et qui flétrit dans les mains à la seconde où elle est cueillie.

A l'école de Nabatiyeh, les bonnes sœurs nous apprenaient à évacuer les salles. Il faisait froid, mais il était interdit de fermer les fenêtres, car les avions israéliens survolaient le Liban tous les jours en dépassant le mur du son. Nombreuses étaient les familles qui avaient envoyé leurs enfants dans le Sud pour qu'ils soient en sécurité. Nous étions plus de soixante par classe. J'ai retrouvé avec un grand bonheur les cours de catéchisme.

Durant les récréations, les pires histoires couraient au sujet des phalangistes, on disait qu'ils investissaient des quartiers et des villages pour contraindre toutes les petites filles à s'asseoir sur des bouteilles de Coca-Cola. Nous chantions *Sous le pont d'Avignon* alors que les F16 faisaient sauter les ponts et les routes. Il y avait tellement d'explosions, que j'en riais. Je riais à force d'avoir peur.

Il y a eu une trêve de quelques jours, mais celle-ci coïncidait avec la fête de l'Achouraï, durant laquelle les chiites portent le deuil de l'assassinat des fils de l'imam Ali. Je me suis retrouvée au milieu de la ville, dont toutes les boutiques étaient fermées. J'ai vu surgir des milliers d'hommes, aux crânes rasés. Les uns se donnaient des coups de chaînes sur le dos, les autres se frappaient la tête avec le plat des épées jusqu'à en faire jaillir le sang. Les femmes, tout de blanc vêtues, se donnaient de grands coups en pleurant. Il faisait chaud, très chaud. L'air était empli de la poussière des bombardements. Le sang répandu par les hommes sentait la charogne. Je me suis accroupie pour vomir sur mes sandales.

Nos parents continuaient à braver les barrages pour nous rejoindre quand ils le pouvaient. Mon père circulait grâce à sa carte de presse. La route du Sud était très souvent coupée. Chaque groupe improvisait son barrage pour liquider les gens ou les détrousser, selon l'humeur du jour. Il fallait alors passer par la montagne.

Mon père arrivait toujours avec les poches pleines de gadgets. Il avait une prédilection pour les briquets avec des femmes nues et il venait de découvrir les petits bols à saké qui, une fois remplis, faisaient apparaître dans leur fond une belle Asiatique nue. Il avait aussi avec lui tous les journaux qui ne parlaient que de la guerre. Il les lisait les uns après les autres en fulminant toujours :

— Tout ça, c'est la faute aux religions, c'est ce foutu bon Dieu qui fout la merde partout. Le jour où l'on transformera en bordels les églises et les mosquées, nous serons tranquilles.

L'été 1976 la guerre faisait rage. La gauche libanaise était sur le point de défaire les phalangistes. La bataille autour du camp palestinien de Tell el-Zaatar était en train de tourner à son avantage. Mon père avait sorti une bonne bouteille d'arak. Je dansais avec Nayla sur la table. Vers 20 heures, Radio Liban a arrêté de diffuser la musique pour mettre l'hymne national. Quelques minutes plus tard, le président maronite Sulayman Frangié annonçait qu'il faisait appel à l'armée syrienne pour qu'elle sauve de la débâcle les forces chrétiennes. Mon père s'est figé. Il était livide. Sa voix tremblait :

— Ces pauvres chrétiens s'imaginent que Damas va les sauver des Palestiniens, ils vont massacrer les Palestiniens et ils se retourneront un jour contre les chrétiens. Ces criminels ne sont du côté de personne, ils ne sont ni chrétiens ni musulmans, ce sont des assassins et des spoliateurs qui veulent dévaliser le Liban comme une banque.

Ma mère et mes sœurs sont allées dormir. Je suis restée seule avec mon père. L'air sentait le tabac qui poussait dans les champs. Il a sorti une bouteille d'arak, il a allumé sa bougie, la radio diffusait en sourdine les nouvelles de Tell el-Zaatar. Mon père marmonnait :

— Je les connais, ce sera un bain de sang, ce sera un bain de sang.

Je ne voulais pas dormir cette nuit-là. Après trois verres et un paquet de cigarettes, il s'est levé soudain, il a pris une valise et s'est mis à rassembler ses affaires.

— Mais qu'est-ce que tu fais papa ?

— Je dois partir, je ne peux pas rester, ma fille.

— Tu es tout le temps parti.

— Les Syriens vont arriver, ma fille, je ne peux pas rester.

Moi, je ne comprenais pas, je m'attachais à lui, je nouais mes bras autour de ses jambes :

— Mais tu es syrien, papa, tu ne peux pas avoir peur des Syriens.

Il est parti d'un grand éclat de rire.

— Allez viens, ma fille, que je te raconte une histoire : tu n'étais pas encore née quand j'ai décidé de me battre pour libérer la Palestine. J'ai quitté mon poste d'enseignant et je me suis retrouvé à la frontière israélienne, à Chebaa, pour faire de la formation politique auprès des combattants. Au bout d'un mois, j'ai reçu une convocation pour assister à une réunion à Damas. En arrivant, j'ai été arrêté par les services secrets syriens et enfermé dans la prison de la Montagne. Personne ne savait où j'étais. Ils me donnaient une livre par jour, pour me nourrir, me laver et acheter de quoi fumer à notre geôlier. Ils m'ont annoncé qu'ils allaient me fusiller et envoyer mon corps à ma famille, recouvert du drapeau syrien avec la mention "Mort au champ d'honneur pour la Palestine". J'ai attendu des mois dans ma cellule. Chaque fois que j'entendais des pas, je me disais qu'ils venaient pour me fusiller. Des mois ont passé, je ne savais plus, je voulais en finir, j'ai fait une grève de la faim durant une semaine. Ils m'ont libéré comme ils m'avaient arrêté, sans aucun motif. La porte de la cellule s'est ouverte, le ministre de l'Intérieur en personne était là. C'était un ami que j'avais connu à l'université. Il m'a tapé sur l'épaule :

"Alors, citoyen, ça va ?"

J'ai répondu :

"En pleine forme.

— Excuse-nous, mais c'était juste une expérience pédagogique.

— Vous devriez envoyer tous les auteurs de l'Union des écrivains syriens là où je suis, ils cesseront d'être fonctionnaires et deviendront des auteurs."

Le ministre m'a interrompu :

"Tous ces mois n'ont servi à rien, tu as toujours la même ironie, moi qui croyais qu'on allait refaire ton éducation."

Il a sorti de sa serviette un document avec l'en-tête de la présidence :

"M. Assim al-Joundi est nommé, sur ordre de la direction du parti Baath directeur général de l'orientation morale."

C'était un cauchemar. J'ai refusé net. Il a insisté :

"Tu ne peux pas refuser, c'est ça ou la résidence surveillée pour un an."

J'ai opté pour la résidence surveillée. Le jour où ils m'ont permis de quitter le territoire, je me suis juré de ne plus jamais remettre les pieds en Syrie. Voilà, ma fille, tu sais tout maintenant, va dormir.

Je me suis réveillée à l'aube. Mon père n'était plus là.

8

Nous avons appris quelques semaines plus tard que mon père avait trouvé refuge à Bagdad. Le pays qui n'était pas encore tombé aux mains de Saddam Hussein accueillait à bras ouverts tous les opposants au régime syrien. Ma mère avait décidé de le rejoindre aussitôt. L'aéroport de Beyrouth venait de fermer. Elle avait pris le bateau de Tyr pour rejoindre Alexandrie d'où elle comptait gagner Le Caire pour prendre un avion pour Bagdad. Elle avait embarqué sur un cargo chypriote dont le commandant avait pris à bord une pute libanaise. Fou d'amour et d'alcool, il avait fini par se perdre en mer. Ma mère, qui guettait sur le pont l'arrivée à Alexandrie, a vu à l'aube des vedettes israéliennes surgir de partout et encercler le bateau pour le fouiller de fond en comble. Après une journée d'interrogatoire, les Israéliens ont fini par relâcher les passagers. Le capitaine amoureux et ivre n'avait pas pensé à renouveler les réserves de nourriture. Ma mère fit la traversée jusqu'à Alexandrie avec un paquet de biscuits avariés. C'était sa première croisière.

A Arnoun, la vie suivait le cours de la guerre. Nos veillées se passaient autour du poêle. Grand-mère m'apprenait à préparer des feuilles de vigne farcies au riz, c'est ainsi que j'ai appris à rouler si bien les joints. Grand-père parlait de ses exploits avec l'armée du chérif Hussein, attendant toujours que quelqu'un vienne un soir frapper à la porte pour demander le drapeau de la libération de Jérusalem. Les Israéliens, eux, ne nous oubliaient pas. Très souvent nous étions réveillés par les haut-parleurs au milieu de la nuit. Les supplétifs druzes nous criaient en arabe : "Vous avez trente minutes pour évacuer le village. L'armée israélienne n'a rien contre les Libanais, elle cherche juste à vous libérer des terroristes palestiniens." Nous fuyions alors à travers les champs, en chemises de nuit, laissant souvent nos sandales et notre peau sur les ronces. Je commençais à entendre les villageois maudire les Palestiniens qu'ils avaient accueillis en libérateurs et qui se comportaient comme de véritables occupants.

Au début de l'automne de la même année, ma mère avait décidé qu'il fallait rejoindre notre père à Bagdad. Mais nous étions toujours sans papiers, il nous fallait passer par Damas pour avoir des passeports. Un beau matin, Walid, le chauffeur de taxi, est venu nous chercher. Le ciel était noir de F16. La radio diffusait le bilan des massacres des Palestiniens par l'armée syrienne à Tell el-Zaatar, ma grand mère chargeait dans le coffre tout ce qu'elle pouvait comme plats libanais, demandant toutes les minutes à grand-père :

— *Ya habibi*, crois-tu que les Irakiens savent faire la cuisine ?

Les roquettes tombaient dru sur la route d'Arnoun.

A Damas, un policier moustachu a scruté longuement nos jambes de fillettes avant de nous donner les laissez-passer. Nous avons pris la route de Bagdad qui passe par le désert de Syrie. Je n'ai jamais vu autant de vide et d'ennui. Un paysage morne, comme une feuille de tabac séché qui se déroule sur des centaines de kilomètres.

Quelles retrouvailles ! Mon père avait loué un appartement en rez-de-chaussée, il y avait un palmier dans le jardin, cela lui rappelait son enfance bédouine à Sala-miyeh. Il était intarissable sur les centaines de variétés de dattes qu'on trouvait en Irak. Nous habitions le quartier de Masbah, non loin du Tigre, qui accueillait beaucoup d'étrangers. L'Irak était alors à la pointe des pays arabes pour son système d'éduca-tion, le taux de scolarisation avait atteint les 100 %. Le pays avait formé une véritable élite intellectuelle et scientifique et les femmes étaient majoritaires dans le secteur médical.

Mes parents s'étaient liés d'amitié avec le porte-parole du FPLP, Bassam. Il venait de subir un attentat au colis piégé envoyé par le Mossad. La bombe lui avait déchiré les mains et complètement brûlé le visage qui portait les marques violacées des éclats. Les femmes hurlaient en le voyant, mais le premier soir où Bassam est venu chez nous, je me suis précipitée vers lui, je touchais ses mains, dont l'épiderme avait été brûlé, je sentais juste la chair à vif et je les trouvais si douces, je regardais ses grands yeux qui brillaient dans ce visage entièrement brûlé et je lui ai dit :

— Je t'aime.

C'était ma première déclaration d'amour.

Il était marié à une très belle maronite libanaise qui allait nous rester fidèle à jamais.

Bagdad était pareil à une immense soufflerie d'air chaud, parfois brûlant. Les avenues étaient immenses et ponctuées de grandes fontaines d'eau. Le soir, quand l'air devenait respirable, nous allions dans le parc où l'on avait érigé des statues à la gloire des poètes arabes anciens : Ibn Zaydûn, Al-Maari, Abû Nuwâs. Les jardins donnaient sur le fleuve et mon père chantait la nostalgie de Grenade. A la terrasse des cafés, les Irakiens buvaient bière sur bière, en alignant sur la table les bouteilles vides. Le gagnant était celui qui avait affiché en fin de soirée l'armée de bouteilles la plus imposante.

Un soir, le chanteur libanais Nasri Chams Dine est venu à notre table. L'arak coulait à flots. Sur le fleuve flottaient les lampions des barques des pêcheurs qui ont fini par se joindre à nous et chanter en chœur avec notre vedette. Grand-père s'éclipsait de temps à autre et revenait de plus en plus joyeux. Mon père, intrigué, a fini par le suivre pour découvrir qu'il sifflait des bouteilles de bière en cachette :

— Alors, le musulman, je croyais que ton casse-couilles de bon Dieu t'interdisait de boire de l'alcool.

Grand-père a juré que c'était une prescription médicale. Il souffrait des reins et le médecin lui avait prescrit plusieurs bières par jour :

— Dieu est clément et miséricordieux.

Mon père avait lancé une radio libre, elle émettait en direction de la Syrie et incitait les populations à se soulever contre la dictature de Damas. Il était convaincu que l'Irak "révolutionnaire" allait instaurer la démocratie et la laïcité dans la région.

Il nous a mis alors en garde :

— Mes filles tant que je serai en vie je ne veux voir aucune de vous lever le cul en l'air pour faire la prière et encore moins s'affamer pour faire le ramadan.

Ma mère avait trouvé un emploi à la radio, elle animait la nuit une émission de poésie. C'était la grande vogue de la gauche arabe, tous les gens qui passaient à la maison se voyaient déjà à Jérusalem. Les gens vivaient à l'hôtel et tout se passait dans les halls et dans les bars.

En l'absence de mes parents, Bassam m'a appris à manipuler les armes. Je savais démonter et remonter une kalachnikov les yeux fermés. Je rêvais d'être plus tard "détourneuse d'avion" pour mieux conquérir son cœur.

Mon père nous avait inscrites à l'école juive de Bagdad. C'étaient des chalets suisses blancs perdus dans un grand parc. Nous étions les seules *goys* de l'école. Notre maîtresse, Séphora, nous faisait chanter tout le temps. Un matin d'avril, des policiers ont fait irruption dans notre classe. Ils ont interrompu les cours et fermé l'école. Avec mes sœurs, j'ai été embarquée dans un bus vert qui nous a déposées devant un immeuble délabré. Des enseignantes nous ont arraché nos blouses bleues pour nous obliger à endosser des robes noires. Après des chants patriotiques, nous avons vu arriver en classe un cheikh en soutane noire, portant le Coran et agitant un bâton. Nayla s'est évanouie, moi, j'étais saisie d'un rire nerveux qui résistait à tous les coups de bâton du cheikh. Alerté, mon père a réussi à obtenir que nous fassions du piano au moment des cours de Coran.

Le soir, pour célébrer notre libération de la religion, il a fait une grande fête durant laquelle j'ai vu surgir un jeune homme qui se distinguait amplement du lot. Il était toujours tiré à quatre épingles, en costume et cravate blanche, une belle montre au poignet. Il arrivait chaque jour avec un grand bouquet de fleurs rouges pour les "filles d'Assim". Nous l'appelions "le prince" mais lui se faisait appeler "Salem". Il me faisait sauter sur ses genoux. Il m'avait appris à jouer au poker. Il était très lié avec mon père qui devait faire un livre sur lui.

L'aéroport de Beyrouth venait de rouvrir, nous avons décidé de rentrer à Beyrouth, laissant notre père à Bagdad. C'était la fin d'une époque, de l'enfance, que de quitter tout le monde à Bagdad. J'ai écrit une longue lettre d'amour à Bassam pour lui dire que j'allais l'aimer chaque seconde, chaque minute, chaque jour, chaque année. Dans l'avion, Rana est venue me voir ; toujours aussi autoritaire :

— Lève-toi et suis-moi aux toilettes !

Je l'ai suivie sans protester. Dans l'étroit corridor, elle m'a pris par la nuque :

— Tu sais qui c'est Salem ?

Sans réfléchir, j'ai répondu :

— C'est un prince des *Mille et Une Nuits*.

Rana m'a regardée avec pitié :

— Oui, ton Aladin s'appelle en fait Carlos, Ilich Ramirez Sánchez. Il n'est pas de Bagdad mais de Caracas.

9

Tout avait changé à Beyrouth, le visage des gens, les routes, les immeubles, la couleur du ciel et celle de la mer. Tout le monde était armé. A chaque coin de rue, on tombait sur des barrages, chaque parti, chaque faction dressait le sien, toutes les factions palestiniennes, les Mourabitounes, les nationalistes arabes. Les pires, c'étaient ceux de l'armée syrienne qui humiliait les jeunes à coups de gifles, pour un oui ou pour un non. Notre mère nous fournissait de faux papiers pour nous protéger.

La guerre avait vidé les quartiers multiconfessionnels, et les gens investissaient de force les appartements libres. C'était le chaos, on ne parlait plus de location, mais d'occupation, il fallait squatter, casser la première porte et investir les lieux abandonnés par les propriétaires qui prenaient en masse la route de l'exil. Hamra se remplissait de jour en jour de réfugiés qui fuyaient les massacres dans les régions chrétiennes.

Nous, nous avions pris un appartement vide sur la corniche, non loin du siège du Parti communiste libanais et des rédactions des journaux de gauche. En l'absence de mon père, il n'y avait plus de fête, les seuls moments de bonheur étaient de prendre des glaces au *Mary Cream* de l'aéroport de Beyrouth, dont je cherche depuis le goût.

Il nous restait tout de même la musique, la voix de Fairouz nous berçait nuit et jour, je crois qu'elle fait partie désormais, non pas de ma mémoire simplement, mais de ma peau. Je la sens chaque jour couler dans mes veines. Ma sœur avait une voix pareille à celle de la diva. Un des amis de ma mère, producteur, l'avait remarquée et l'avait invitée à participer à une émission de télé pour les enfants. Alerté, mon père a appelé de Bagdad pour demander à ce que je sois aussi sur le plateau. Ma mère nous avait acheté des blouses jaunes, avec des manches ballons, et des jupes bleues, une horreur. Une fois sur le plateau, j'ai fait une allergie au tissu synthétique, je me suis grattée comme si j'avais la gale. Pendant que Nayla chantait en direct, moi je pinçais et frappais les enfants. A la fin de l'émission, le producteur était enchanté. Il venait d'avoir l'idée d'une série télé qui raconterait les aventures de deux sœurs, l'une angélique et l'autre diabolique. Je venais d'avoir huit ans, j'ai signé mon premier contrat pour jouer une fois par semaine le rôle du diable.

J'avais une mémoire prodigieuse, ma sœur était méticuleuse, elle travaillait ses textes et les apprenait par cœur. L'émission avait lieu tous les vendredis et passait avant le journal de 20 heures. C'était le seul programme pour enfants et tous les enfants du pays le regardaient.

La télévision m'ouvrirait plusieurs portes, d'abord à l'école, les enseignantes émues par mon rôle s'abstenaient de me donner toutes les mauvaises notes que je méritais, enfin la pâtisserie *La Gondole* refusait que je lui paie ses éclairs au chocolat qui étaient parmi les meilleurs au monde.

Durant les vacances de Pâques, nous avons repris le chemin de Bagdad pour retrouver mon père qui se sentait bien seul. L'arrivée de Saddam au pouvoir avait vidé, en quelques semaines, la ville de ses intellectuels. Un mardi midi, je me souviens, il est rentré du travail pour faire sa sieste. On a frappé à la porte, j'ai ouvert, deux grands gaillards les mains dans les poches m'ont demandé :

— Il est où ton père ?

J'ai compris en une fraction de seconde que c'étaient les services secrets irakiens. J'ai bredouillé :

— Il dort, il nous a interdit de le déranger.

L'un d'eux m'a soulevée d'une main :

— Va le réveiller, sinon on sera obligés de le faire.

J'ai frappé à sa porte :

— Papa, réveille-toi, ils viennent t'emmener en prison.

Il dormait toujours avec un revolver sous l'oreiller. Il a tendu la main pour le prendre. Les hommes lui ont dit tranquillement :

— Monsieur Assim, vous avez trois enfants, l'immeuble est encerclé, rangez votre joujou et suivez-nous, c'est juste pour prendre un café.

Le jour même, le téléphone a cessé de sonner, personne n'a frappé à notre porte, le grand salon qui grouillait de monde s'est vidé en un clin d'œil. Ma mère a appelé tous les grands responsables qui fréquentaient mon père, personne ne lui a répondu. Mon père ne donnait plus signe de vie. Nous ne savions pas où il était ni pour combien de temps ils le gardaient. Après une semaine d'investigations nous avons fini par apprendre que les dirigeants du Baath lui reprochaient d'avoir la langue trop bien pendue.

Il fut libéré après trois semaines de prison et mis en résidence surveillée avec interdiction formelle d'écrire ou de se déplacer.

Une fois à Beyrouth, ma mère a entrepris des démarches auprès des Syriens afin qu'ils l'autorisent à revenir au Liban. Je faisais avec elle tous les bureaux de l'armée syrienne.

Je voyais les officiers et les soldats la déshabiller du regard, je me mettais souvent sur ses genoux pour la protéger, je l'embrassais quand l'un d'eux lui glissait :

— Alors, madame, que me donnez-vous en échange si j'autorise votre mari à revenir vivre parmi nous ?

Les bureaux sentaient les treillis jamais lavés, le sol était souvent couvert de taches de sang, les chaises étaient défoncées. Seuls les cadres à l'effigie de Hafez al-Assad étaient propres.

Après des mois de démarches, les Irakiens ont autorisé mon père à nous retrouver en Grèce pour les fêtes de fin d'année. Il neigeait sur Athènes, je chantais dans les rues avec ma sœur et lui, ivre de joie et de vin, dansait dans les ruelles de la ville. Il venait de découvrir le sirtaki et se prenait pour Zorba le Grec. Il venait de finir la première biographie de Carlos et ce dernier lui avait offert des photos dédicacées "à vendre très cher pour garantir l'avenir de ses filles". En fait, il les céda quelques jours plus tard à un magazine arabe pour une bouchée de pain.

Nous avons pris l'avion pour rentrer à Beyrouth avec papa. C'était un vol de nuit. Je n'arrivais pas à fermer l'œil car j'avais peur qu'il ne disparaisse à jamais.

10

Mon père a retrouvé une place dans un journal, de nouveau la maison s'est emplie de poètes, de musiciens et de journalistes.

C'était le temps des petites guerres, chaque altercation entre voisins tournait à la fusillade et aux règlements de compte. On se bagarrait pour l'eau, l'essence, les fruits, le pain ou les femmes. Les parties de poker étaient souvent interrompues par des roquettes qui traversaient le salon, on n'y faisait même plus attention à la fin. A chaque accalmie, les forces syriennes soufflaient sur les braises. A côté de Fairouz, je découvrais Supertramp, Bob Marley, Led Zeppelin et les Pink Floyd. Je commençais à jouer dans une nouvelle série, dans le rôle de la fille d'un poète célèbre. Le comédien principal, une célébrité locale, venait me chercher dans sa voiture décapotable rouge. Je passais sans encombre de l'ouest à l'est. Un soir, mon père me voyant à la télévision pleurer à chaudes larmes dans une scène m'a demandé :

— Ma fille comment tu fais pour pleurer si bien à la télé ?

— Ce n'est pas difficile, papa, il suffit que je pense que j'ai un père comme toi pour que les larmes coulent toutes seules.

Il me communiquait sa passion des livres, me lisait durant des heures entières des passages de Dostoïevski, de Baudelaire, de Maïakovski ou des érotiques arabes. Pour ne pas voir la guerre, nous écumions les galeries, les librairies ou les cinémas de Hamra où j'ai vu avec lui *Emmanuelle* et *Orange mécanique*.

Durant tout le temps qu'avait duré l'occupation israélienne, nous n'avions pas mis les pieds à Arnoun. L'été 1979, nous y sommes retournés, le Sud venait de faire sécession et vivait sous la terreur d'une armée à la solde d'Israël. De la maison de grand-père, il ne restait plus rien, pas un mur, pas une pierre. Grand-père, hébété, cherchait partout son armoire, son drapeau, il fouillait les ruines, avant de tomber sur des restes de bois et des cendres. Les Palestiniens avaient occupé la maison durant l'hiver, ils s'étaient chauffés avec le bois de son armoire et même avec le drapeau de la libération de Jérusalem.

La région bruissait de rumeurs autour des exactions commises par les Palestiniens, les viols, les vols et les meurtres. Les gens du

Sud ne montraient plus vis-à-vis d'eux la même solidarité, pire, ils devenaient haineux envers leurs "frères" d'hier. A Beyrouth, leur réputation sentait aussi le soufre. Leurs dirigeants, qui disposaient d'un trésor de guerre fabuleux, passaient leur vie de palace en palace, dans de grandes Mercedes noires, avec des escortes de gardes du corps et de prostituées habillées de pied en cap en Christian Dior et en Prada.

Une après-midi du mois de juillet, j'étais sur le plateau de tournage. J'avais un monologue où j'interrogeais le miroir, soudain j'ai ressenti une grande douleur comme si mon corps était pris dans une centrifugeuse. Je n'oublie jamais mon texte, mais ce jour-là j'avais des trous, j'avais mal au ventre, j'avais envie de pisser, je suis montée aux toilettes, j'ai baissé ma culotte blanche et j'ai vu qu'elle était couverte de sang. Mon père m'avait parlé de l'évolution du corps des jeunes filles, de la contraception, et des règles, je connaissais tout cela, mais j'ai eu peur. J'ai pleuré, ma mère a quitté son travail en catastrophe, elle avait donné l'alerte. Des bombes tombaient sur la corniche. Je pleurais sur le siège avant. Le soleil déclinait sur la mer. Devant l'immeuble, mon père souriant m'attendait avec un bouquet de fleurs et des Tampax.

Il nous avait tout dit de l'acte sexuel, sa chambre était mitoyenne avec la nôtre. Elles étaient séparées par une baie vitrée qu'il avait peinte en bleu indigo car il nous savait curieuses. Il dormait la porte ouverte, sauf les soirs où ils faisaient l'amour. Et chaque fois qu'ils s'isolaient, je courais les épier par le trou de la serrure qu'il ne manquait jamais de boucher avec un mouchoir.

·J'étais une enfant curieuse, je regardais le monde avec avidité.

Comme ma mère animait pour l'armée une émission à la radio libanaise, nous étions admises au bain militaire. J'étais barbare et sauvage, je cherchais les jeux les plus insensés sous l'eau. Nos journées se passaient à boire de la bière et à manger des pistaches en reluquant le corps des garçons.

C'est là que j'ai connu mes premiers émois sexuels, toucher la peau des autres, sentir la crème solaire sur le dos des uns et des autres, deviner la taille des sexes à travers les maillots mouillés. Je sortais avec un adolescent, Sobhi, une histoire d'amour qui consistait à aller manger des frites crades chez Heinz, pas plus. Je voulais qu'il me caresse, qu'il me touche, qu'il m'embrasse, mais lui n'osait pas. J'en ai parlé à mon père qui m'a conseillé :

— Ma fille, fais attention, l'homme arabe ne connaît rien à la femme et si celle-ci prend les devants, lui, il prend ses jambes à son cou.

Il avait commencé à publier en feuilleton les Mémoires de Carlos dans un hebdomadaire arabe. Le téléphone sonnait nuit et jour et il recevait les propositions les plus faramineuses des journaux qui lui proposaient de lui acheter les photos et le manuscrit mais il a refusé toutes ces propositions. Avec ses droits, il a réussi à acheter l'appartement que nous occupions, sans le mettre à son nom. Au bout de trois numéros, il a reçu des menaces très sérieuses. Il a interrompu tout de suite la publication de son récit pour se consacrer à des chroniques plus tranquilles, où il informait le Tout-Beyrouth sur nos flirts, la poussée de nos seins et nos règles.

Nos discussions devenaient de plus en plus épiques. Elevées pour être libres entièrement nous ne comprenions pas du tout quand il voulait nous imposer des restrictions. Il en avait des loufoques, par exemple, il nous avait interdit de dormir hors de notre maison.

Nayla, qui tenait à passer la nuit chez une de ses amies, s'est heurtée à son refus. Ecœurée par ce père libertin devenu liberticide, elle a tenté de se suicider en avalant une boîte d'Aspro. Effrayée, j'ai voulu alerter mon père. Il a couru dans la chambre et, voyant la boîte d'Aspro vide, il a dit :

— Qu'elle crève, si elle cherche à se suicider pour passer la nuit chez une copine.

J'ai ressenti alors une immense haine envers lui, envers ce pouvoir étrange qu'il reprenait d'un coup. J'étais révoltée par cette trahison d'un père qui avait toujours refusé l'autorité et qui devenait soudain autoritaire. J'ai voulu le tuer. Ma sœur aînée était du même avis que moi, trop, c'en était trop.

Avec ma sœur, nous avons été à la pharmacie Mazen. A l'époque, Beyrouth était infesté de gros rats, si gros qu'ils faisaient des bruits de cavalerie. Nous avons demandé au pharmacien un produit pour tuer "le plus gros rat de la ville". Il nous a remis une boîte jaune avec un dessin kitsch de rongeur en nous mettant en garde sur le fait qu'il s'agissait d'un poison violent.

Mon père avait un emploi du temps très réglé, il partait tôt au journal, revenait à midi, déjeunait et faisait une sieste avant de ressortir. Il dormait quand nous sommes revenues à la maison. Il aimait que je lui prépare un café turc au réveil, j'ai fait chauffer l'eau et j'y ai versé tout le contenu de la boîte de mort-aux-rats. En mettant la tasse à la bouche, il a fait la moue :

— Ce café a un goût bizarre.

Je l'ai rassuré :

— Bois, papa, bois, c'est le goût du chlore, et c'est bien, l'eau est sans microbes.

Il a avalé la tasse d'un trait. Je regardais ma sœur en jubilant, attendant qu'il s'écroule d'un coup terrassé à jamais. Mais non, il a mis son chapeau, pris sa serviette et nous a embrassées avant de prendre le chemin de son journal. Nous avons couru au balcon pour le voir tomber dans la rue. Il se tenait droit et y allait d'un bon pied. Nous avons attendu une heure pour appeler son journal,

espérant que ses collègues nous annonce-
raient sa mort, hélas, c'était lui au bout du fil :

— Vous avez besoin de quelque chose
mes petits anges ?

Nous avons raccroché. Le soir, il est rentré, il se plaignait juste d'une petite diarrhée.

Je crois qu'avec la guerre la mort était
devenue d'une telle futilité que nous ne la
prenions plus au sérieux. Ce jour-là, nous
ne pensions même pas à tuer notre père,
mais juste à effacer l'obstacle qui nous
empêchait de dormir chez nos copines.

Après deux jours de conciliabule, nous
avons décidé qu'il était plus efficace de
l'abattre avec son revolver et de maquiller
l'assassinat en suicide. Nous avons longuement préparé notre version : "Il dormait
dans le salon, nous lui avons préparé le
café, il a pris le revolver qui était sous son
oreiller et s'est tiré une balle dans la tête."
Pendant qu'il dormait, j'ai pris le Smith & Wesson dans sa serviette. Pour ne pas laisser
d'empreintes, j'avais emprunté les gants de
cuisine fuchsia de ma mère. Je marchais
sur la pointe des pieds, lui ronflait la bouche ouverte, arrivée à sa hauteur, j'ai vu mes
mains avec cette couleur hideuse et le con-
traste avec le pistolet, j'ai piqué un fou rire.
Nous sommes reparties à l'attaque plus d'une
fois mais chaque fois la vue de ces gants
affreux nous faisait tordre de rire. Nous avons
renoncé à tuer notre père, en nous disant
qu'un jour nous nous vengerions de notre
mère pour ces gants de cuisine.

11

Ma grand-mère est tombée malade, c'était une grande dame, très belle, très solide de caractère, on l'appelait Jabara, l'intrépide. La maladie l'avait ravagée d'un coup, elle est morte à cinquante-huit ans, je l'avais accompagnée dans sa chimio, nous étions très proches. Je savais qu'elle allait mourir, je voulais passer le plus de temps possible avec elle. Elle avait demandé à être enterrée à Arnoun, mais l'armée israélienne qui occupait le Sud nous a refoulés. Je garde un profond sentiment d'injustice à propos de cette histoire, de quel droit peut-on interdire à quelqu'un d'être enterré chez lui ? Nous l'avons inhumée à Nabatiyeh, les petites filles dansaient avec des foulards autour de sa tombe pour dire la joie de la voir au paradis.

C'était le temps où la police des deux partis Baath de Syrie et d'Irak pourchassaient les intellectuels et les auteurs qui avaient trouvé refuge à Beyrouth. Nous recevions les visites fréquentes de mon oncle Ali al-Joundi, poète, fou, drôle, toujours entouré de femmes, il buvait beaucoup et insultait le président syrien, Hafez al-Assad dans les rues de Damas. Les flics le ramassaient avec beaucoup de respect :

— M. le président nous charge de vous dire que si jamais vous avez épuisé vos réserves d'arak il vous en fait livrer ce soir.

Ali avait passé sa vie en dissidence sans jamais connaître une nuit en prison, chose inouïe dans l'histoire de la Syrie.

En janvier 1980, on avait retrouvé le collaborateur de mon père, un journaliste allemand à Beyrouth, abattu devant son domicile de deux balles dans la tête.

Le 3 juin de la même année, mon père s'est réveillé tôt comme à son habitude. Il a pris sa serviette, il a mis son chapeau. Il a voulu s'assurer qu'il avait pris son revolver mais il s'est souvenu qu'une de ses collègues lui avait fait remarquer qu'il était écrivain et pas milicien, il avait renoncé à porter une arme. Il a pris la rue qui monte vers le journal. Arrivé devant la pharmacie Mazen, il a perçu quelque chose d'étrange, il a vu une Audi jaune garée au milieu de la route. Dans ses Mémoires, il raconte qu'il n'a rien senti, si ce n'est des cercles rouge et blanc devant les yeux puis un grand noir. Il assure que la personne qui lui a tiré dessus était une connaissance, c'est pourquoi elle ne s'est pas trop approchée de lui.

La balle du silencieux a fracassé la tige des lunettes qui en a dévié la trajectoire vers le haut du crâne. Il est tombé dans une mare de sang, il raconte qu'il voyait autour de lui des dizaines de jeunes armés jusqu'aux dents mais personne n'osait lui prêter secours, de peur que les assassins ne réagissent. Il est resté là, baignant dans son sang, jusqu'à ce que passe une Palestinienne qui l'a reconnu et qui s'est mis à injurier la foule immobile : "Vous savez qui c'est ? Vous n'avez plus d'honneur pour laisser mourir les gens comme des chiens." Elle a arrêté une voiture qui se trouvait conduite par l'un des anciens élèves de mon père qui a bien voulu le prendre. Mais mon père a ouvert les yeux entre-temps ; il tenait à nous prévenir. Il s'est mis à frapper le chauffeur qui a fini par s'arrêter en bas de notre immeuble. Mon père est sorti de la voiture, il a fait quelques pas avant de tomber dans le coma. J'ai entendu des cris, je me suis précipitée au balcon et je l'ai vu au milieu d'une grande flaque rouge, tout était rouge, la terre, son corps, la rue, la ville.

Je me suis effondrée en larmes, dire que je voulais le tuer quelques jours plus tôt. A l'hôpital, tout Beyrouth était là, ainsi que Yasser Arafat et les dirigeants de l'OLP. L'intervention a duré dix heures pour que les médecins puissent extraire la balle du cerveau. J'allais le voir dans la salle de réanimation à travers la vitre. Il avait la tête recouverte de pansements, le nez et le front brisés par ses chutes après l'attentat. Ses yeux d'un bleu intense étaient enflés. Il ressemblait à un oisillon sortant à peine de son œuf, avec des yeux globuleux et couverts de liquide. J'avais l'impression que mon père avait rétréci. Il dormait en chien de fusil, la main sur l'oreille droite.

Tout le monde savait que les Syriens étaient derrière le coup, mais personne n'osait le dire. Dans ses Mémoires, il écrira : "Je ne sais pas qui a voulu me tuer et je ne veux pas le savoir." Je vivais en même temps cet attentat comme une aventure, nous étions le centre d'intérêt de tout Beyrouth-Ouest. Je me gavais de *manaïchs* et de sandwichs au fromage à la cafétéria de l'hôpital. Je racontais des blagues sordides à mon oncle Ali qui criait :

— Ma nièce est une criminelle, elle rit du drame de son père.

Mon père a passé des mois dans le coma. Le jour où il a ouvert les yeux, il a demandé à jouer au poker. Il est sorti de l'hôpital, le côté droit paralysé, il voyait à peine et souffrait beaucoup, car il avait perdu une partie de la boîte crânienne. Les Palestiniens montaient la garde devant la maison pour le protéger, lui sortait du coma complètement perturbé, il confondait les noms et les visages et révélait les secrets des uns aux autres.

Ma mère a tout porté, elle voulait nous éloigner de la maison, de l'image dégradée de notre père. Nous étions très souvent suivies par des hommes qui disparaissaient à la première alerte.

J'ai vu pour la première fois de ma vie mon oncle Khaled, le grand leader syndicaliste de Syrie. Il avait passé sa vie dans les prisons et les résidences surveillées. Il avait demandé une autorisation exceptionnelle pour rendre visite à son jeune frère. Je ne sais par quel miracle elle lui a été accordée. Oncle Khaled était un grand gaillard avec des moustaches en guidon de vélo, avec des yeux d'un vert émeraude. C'était la première fois que je voyais mon père pleurer et c'était la dernière fois aussi que toute la famille Al-Joundi se réunissait. Ils ne pouvaient même pas assister aux enterrements les uns des autres, tellement ils étaient persécutés par le régime syrien.

Les médecins nous avaient avertis que notre père ne pouvait être soigné qu'en France. Mais grand-père, atteint de la maladie d'Alzheimer, allait de plus en plus mal. Ma mère priait pour qu'il ne meure pas en son absence. Le jour où elle résolut d'accompagner mon père à Paris, elle a fait ses adieux à grand-père. Au moment où elle a fermé la porte derrière elle, il rendait l'âme. Elle a différé le voyage pour assister à son enterrement.

Mes parents vont rester durant des mois en Bretagne, à Vannes, mon père gardera un souvenir inoubliable de sa découverte du golfe du Morbihan :

— Vous vous rendez compte, les filles, on y trouve trois cent soixante-cinq îles.

Il allait enfin découvrir Paris où son frère aîné était en poste en tant qu'ambassadeur de Syrie dans les années 1960. Connu de tous les intellectuels français, francophile dans l'âme, amoureux de Paris, Samy parlait à mon père des cafés, du Quartier latin, de Montparnasse. Il entrait dans de grandes colères quand ce dernier confondait *Le Flore* avec *Les Deux Magots*. Il tombera amoureux d'une juive avant d'écrire un livre *Des Arabes et des Juifs*. Il sera convoqué à Damas et jeté en prison. Le général de Gaulle refusera les lettres d'accréditation de son successeur jusqu'à ce que mon oncle Samy soit libéré.

Nos parents reviendront à Beyrouth neuf mois plus tard. Nous étions devenues des filles autonomes ou presque.

12

A son retour de France, mon père ne pouvait plus conduire, mais il avait gardé un truc de macho, il avait horreur que ma mère prenne le volant, surtout quand il était ivre. Il entrait dans de grandes colères et c'étaient les rares moments où il se sentait blessé dans sa virilité d'homme oriental :

— Alors, qui c'est l'homme ici, bien sûr ce n'est pas votre mère, c'est votre père.

Il titubait, mais il était impossible de le raisonner, il nous ramenait chaque soir en zigzaguant et en chantant et à force de peur nous chantions avec lui.

Notre voiture était une Volvo. On l'appelait le T72 en souvenir des blindés d'Union soviétique. Elle était tellement vieille que des champignons poussaient sur le plancher, nous nous installions sur la banquette arrière en faisant attention à ne pas les écraser et au moment de descendre notre père, toujours aussi titubant, nous lançait :

— Alors les filles, la cueillette a été bonne ?

A Beyrouth, tout s'effondrait autour de nous, la ville bien sûr, mais aussi notre idéal. Les Palestiniens, qui étaient la pureté même à nos yeux, sombraient dans les exactions et la débauche. A l'est, les milices étaient mieux organisées, dans la montagne druze, Joumblatt, le fils, faisait régner une discipline de fer, à l'ouest, c'était le chaos. Chaque hall d'immeuble avait son parti, son idéologie et sa vision du monde. Cependant, les gens de gauche n'avaient pas élevé leurs enfants dans la haine des autres. Ma mère, qui ne côtoyait que des chrétiens, se sentait amputée d'une partie de son corps depuis que les communications avec l'est avaient été coupées. Elle qui était chiite n'avait jamais mis de voile, ni fait le ramadan, elle buvait et fumait. Mon père, lui, nous mettait en garde chaque fois qu'il passait devant une mosquée :

— Mes filles, regardez comme ils sont prosternés, vous, vous ne donnerez jamais votre cul au ciel. Aux hommes, tant que vous voulez, mais pas au bon Dieu. Vous avez le droit de boire, de sortir, de perdre votre virginité, de tomber enceintes, mais, je le répète, je ne veux voir personne prier ou jeûner chez moi.

Il adorait cependant les rites chrétiens. A son arrivée au Liban il enseignait dans une école catholique. Il descendait en cachette à la cave de l'église pour dérober des bouteilles de vin. Le curé s'en était rendu compte et l'avait sermonné. Mon père lui a répondu qu'il n'avait aucune preuve et que c'était une simple supputation :

— Que diriez-vous mon père si je racontais que Marie, la couturière du village, vous inspire des érections mémorables ?

Le curé a rougi. Il a levé les mains au ciel :

— Ah non pas ça, si tu manques de vin, je t'en fournis à volonté.

Dans toute la famille Al-Joundi, la religion n'a jamais été transmise de force. Mon oncle Ali avait deux filles qui s'étaient converties au christianisme. Chez nous, les deux seuls objets sacrés, c'était une statuette de Guevara en bois d'olivier et une icône de la Vierge offerte à mon père par un membre du Parti communiste soviétique. Cette éducation nous a sauvées. A l'ouest, nous vivions dans une petite république qui rassemblait des chrétiens et des musulmans et dont la plupart se battaient pour que le Liban reconnaisse une dix-huitième communauté, celle des athées.

Moi, je faisais de la pub pour General Electric, les frigos Arthur Martin, les lave-vaisselle Brandt, et les fers à repasser Calor. Le son de la guerre était là tout le temps qui ponctuait chaque instant de notre vie. J'allais seule au cinéma *Concorde* à Verdun, je me souviens d'*Endless Love*, j'ai pleuré comme une baleine à la chanson de Lionel Richie et de Diana Ross. J'apprenais l'anglais en hurlant *Traveller* de Chris De Burgh. Je dansais comme Travolta. J'allais chez *Oncle Sam*, rue Bliss, les jeunes étaient accoudés au bar avec leur whisky, et des serviettes blanches nouées autour du cou, ils attendaient que le coiffeur passe pour leur faire la barbe. Je fréquentais beaucoup les théâtres, ses grands noms étaient restés à Beyrouth, Roger Assaf et Raymond Jbara. Ziad Rahbani, le fils de Fairouz, montait des pièces qui tournaient en dérision nos révolutionnaires et nous faisaient rire de la guerre. J'aimais voir danser Dina Haydar, belle à la folie, qui embrasait les nuits de Baalbek.

La ville était devenue un dépotoir. Comme il n'y avait plus de service de voirie, chaque quartier s'était organisé pour louer des camionnettes qui collectaient les ordures et les jetaient dans la banlieue là où se concentraient les pauvres réfugiés du Sud. Leurs enfants jouaient sur des montagnes de déchets au son des tirs qui ne s'arrêtaient jamais. Depuis le début de la guerre, nous vivions avec des lampes à gaz et des groupes électrogènes. Leur bruit couvrait Beyrouth nuit et jour, dégageant une âcre fumée de mazout. On reconnaissait de loin et au bruit, atténué ou violent, si un groupe électrogène éclairait un riche ou un pauvre. La hantise c'était la pénurie d'essence qui menaçait chaque jour et sans essence nous n'avions plus de pain. Les murs de la ville étaient entièrement couverts de graffitis, je me souviens d'un "non à la religion mais oui à l'islam".

A la veille des vacances de l'été 1981, l'aviation israélienne a bombardé un immeuble où vivaient des Palestiniens. Le souffle de l'explosion a fait voler en éclats les vitres de notre classe. Nous avions tous pris la fuite avant, sauf Nayla qui, subjuguée par le spectacle, n'a pas bougé de sa place. Elle en a eu les mains et les jambes tailladées.

A sa sortie de l'hôpital, mon père nous a convoquées toutes les trois :

— Mes filles, je sais que vous êtes à l'âge de toutes les tentations et la première c'est la cigarette. Je vous ai toujours dit qu'il est interdit d'interdire dans notre famille. Comme je ne veux pas vous voir fumer en cachette, voilà, je vous offre à chacune une cigarette, vous allez fumer devant moi et vous verrez à quel point c'est immonde et infect et vous y renoncerez toutes seules.

Nous étions toutes les trois alignées sur le sofa du salon. Nous avons tiré sur nos Gauloises sans filtre avant de nous écrier en chœur :

— Papa, c'est magnifique.

Il était livide. Depuis, nous n'avons jamais arrêté. Une semaine plus tard, je découvrais le shit. J'ai fumé mon premier joint et j'ai tellement ri que je voyais la mer plus large et les balles moins mortelles.

13

Quand j'ai senti mes seins pousser, j'étais très fière, mon père applaudissait à tout rompre. J'avais un corps de garçon qui n'amasse jamais la graisse. J'étais heureuse de ne pas avoir de hanches et de cul. Selon mon père, plus le cul d'une femme est large, plus sa beauté est grande. Ce qui n'était pas mon cas. J'attendais depuis des années le jour où je porterais un soutien-gorge. Par un matin de juillet, j'ai passé une heure dans la salle de bains à me regarder nue. J'ai palpé mes seins longuement. Ils emplissaient amplement mes mains. J'ai mis une chemise blanche et un pantalon. Mon père lisait son journal, je l'ai interrompu :

— Papa, lève-toi.

— Pour quoi faire ma fille ?

— C'est le moment de m'acheter un soutien-gorge.

Il s'est étouffé avec la fumée de sa cigarette :

— Tu es folle, un soutien-gorge et pourquoi pas une laisse ? Un soutien-gorge, tu te rends compte de la servitude que ça suppose, tu vas avoir un corset qui va t'empêcher de respirer, tu auras des marques de bretelles sur les épaules, sais-tu combien de femmes j'ai fuies au moment de faire l'amour rien que pour cette cicatrice affreuse, et les marques d'agrafes dans le dos, on dirait des impacts de balle. Non, tu n'auras jamais de soutien-gorge. Et puis, demande à ta mère.

Je l'ai regardé dans les yeux :

— Qui achète les soutiens-gorges pour mes sœurs ?

Il a compris qu'il avait perdu. Sur le chemin, nous avons vu surgir d'un immeuble un jeune homme qui s'est rué sur une jeune fille, lui a tiré une balle dans la tête avant de se tirer une balle dans la bouche. Les deux sont morts sur le coup. Nous sommes restés interdits. Une voisine a enjambé les cadavres, comme s'il s'agissait de paquets abandonnés. Mon père lui a demandé :

— Mais qu'est-ce qui lui est arrivé ?

La femme imperturbable lui a répondu :

— Un malheur, monsieur, c'était sa fiancée, il a appris qu'elle le trompait.

Nous avons été au souk de Saint-Elie dans une boutique de lingerie fine, tenue par une femme. Mon père lui a donné tous les détails sur ma vie intime. Il a tenu à s'informer aussi sur toutes les tailles de bonnets. Après une heure de conversation, je suis sortie avec un Triumph blanc, 85 A. J'étais enfin une femme ! Folle de joie, j'ai tenu à dormir avec. Au milieu de la nuit, je me suis réveillée au bord de l'asphyxie, je ne pouvais plus respirer, je me suis arrachée du lit, j'ai enlevé le soutien-gorge et je l'ai jeté par la fenêtre. Depuis ce jour-là, je n'en ai plus jamais porté.

Mon père ne dormait pas. Il veillait très tard, il écrivait et fumait jusqu'à l'aube, toutes les nuits, en écoutant de la musique tzigane. Il m'a entendue, il a frappé à la porte :

— Alors ça va, ma fille ?

— Oui, papa, tu avais raison, ça étrangle ce truc-là.

— Bonne nuit ma fille, je ne sais pas si on va libérer Jérusalem, mais au moins on aura libéré tes seins pour de bon.

Le lendemain, je me suis réveillée tôt, je préparais le café, quand j'ai entendu un bruit d'explosion extraordinaire, en une seconde toutes les vitres de la maison ont été soufflées. L'aviation israélienne venait de bombarder la Cité olympique. Radio Monte-Carlo hurlait :

"L'armée israélienne bombarde au Liban des camps de l'OLP, en représailles contre l'attentat qui a visé l'ambassadeur d'Israël à Londres. Cette opération qui a mobilisé des centaines de milliers de soldats vise à nettoyer, selon le gouvernement israélien, le Liban de toute présence palestinienne."

Le 6 juin 1982 l'armée israélienne marchait sur Beyrouth. Les Syriens étaient les premiers à détaler. Ils passaient avec leurs blindés sous nos fenêtres, leurs tourelles étaient chargées de tout ce qu'ils avaient pu voler : lustres, lavabos, tapis, chaises, canapés, et même des bidets. Mon père criait du balcon :

— Assassins, voleurs de chiottes, rentrez chez vous, réveillez-vous !

Saïda et Tyr sont tombés sans résistance, nous étions tous surpris, choqués même par cette débandade. Il y a eu même des villages musulmans qui ont accueilli les soldats israéliens en libérateurs. Hamra s'est vidée en un jour, toutes les boutiques ont baissé leurs rideaux. Notre appartement se trouvait à proximité des bureaux de toutes les organisations palestiniennes. Nous avons trouvé refuge chez une tante à Verdun. Les F16 lâchaient des tracts en arabe qui sommaient tous les habitants de quitter Beyrouth-Ouest dans les soixante-douze heures. Personne ne s'attendait au blocus de la ville. Mon père ne travaillait plus depuis l'attentat, aucun journal libanais ne voulait employer un journaliste condamné à mort par Damas. Ma mère se rendait à son travail comme si la guerre n'avait jamais existé. Mon oncle Samy vivait depuis des années à Hamra. Il était sorti acheter le journal, à son retour, son immeuble avait disparu. Grâce à son fils officier de l'armée syrienne, il obtiendra l'autorisation de s'installer à Salamiyeh, où il finira ses jours en résidence surveillée.

Du balcon de notre refuge à Verdun, je voyais les vedettes qui encombraient le port et nous bombardaient, on aurait dit que le feu sortait de la mer à chaque tir. Je voyais les F16 lancer les fusées éclairantes sur la corniche, dans la nuit, elles ressemblaient à de grands lustres orange, elles tremblaient un moment avant de disparaître dans une pluie d'étoiles. Moi, je leur chantais Fairouz : "Je reste avec toi seul dans la nuit."

L'armée israélienne avait encerclé Beyrouth-Ouest. Ses bateaux occupaient la mer, ses blindés la montagne et ses avions le ciel. Ils ont coupé l'eau, l'électricité, interdit l'approvisionnement de la ville en nourriture et en carburant. Face à cette machine de destruction impitoyable, nous n'avions rien.

Je voulais prendre les armes, mais mon père a refusé :

— C'est bête de mourir pour rien. Il vaut mieux que tu te tires une balle dans la tête, c'est plus simple.

Les bombardements étaient de plus en plus intenses. Parfois, ils duraient des nuits entières. A chaque alerte, mon père nous faisait descendre aux abris. Il y régnait une véritable puanteur faite d'humidité. Les gens s'y installaient par centaines. J'ai attrapé une scarlatine ainsi que mes sœurs. Je saignais du nez tout le temps. Nous étions affamées et assoiffées. Nos parents ont alors décidé de nous faire passer à l'est.

Le mari de ma tante qui était chrétien devait nous accueillir au passage du Musée… Ma mère conduisait, j'avais la peau grise, les cheveux gluants de poussière et de transpiration. Mon corps sentait l'odeur des bombardements, une odeur chimique très forte. L'oncle nous attendait de l'autre côté de la ligne de démarcation. Nous avons été arrêtées par les soldats israéliens. C'était la première fois de ma vie que je voyais des soldats israéliens.

Mon oncle nous attendait dans une R12 marron, nous étions à l'arrière, nous étions terrifiées par les Israéliens. Lorsque nous avons été arrêtés quelques mètres plus loin par l'armée israélienne, ils nous ont demandé de sortir de la voiture. Nous sommes sorties les bras en l'air. Nous étions sûres que c'était notre dernière heure. J'avais embrassé Nayla pour lui faire mes adieux. Il faisait nuit. La ville brûlait derrière nous. Les soldats hurlaient en hébreu. Leur officier est venu vers nous, il nous a donné à chacune un bonbon et nous a souhaité bonne nuit.

Mon oncle, qui était très pro-israélien, avait remarqué à quel point nous étions mortes de peur. Pour nous guérir de notre "aversion" il nous a enfermées dans son salon devant *Holocauste*.

— Vous n'aimez pas les Israéliens, vous allez voir maintenant ce que ce peuple a subi.

Nous avions beau lui répéter que notre père nous avait enseigné que tous les hommes étaient pareils, que nous n'avions aucune haine pour les juifs, mais que nous n'admettions pas qu'une armée étrangère vienne nous larguer des bombes sur la tête durant un mois, pendant quatre heures nous sommes restées consignées devant Meryl Streep, avec cette seule question en tête : C'est vrai qu'ils ont souffert, mais pourquoi nous faire souffrir nous ?

Le lendemain, notre oncle nous a invitées à Jounieh, le Saint-Tropez en zone chrétienne. Sur la plage, des filles, fausses blondes, avec de grandes croix en or autour du cou, embrassaient à pleine bouche des soldats sépharades couverts de poussière. Les boîtes diffusaient de la musique disco à fond, mais qui n'arrivait pas à couvrir les bombardements. Il y avait du champagne sur toutes les tables. Beaucoup levaient leur verre au passage des soldats israéliens pour les remercier de nettoyer le pays de "la vermine palestinienne".

Le soir, l'oncle a tenu à faire une grande fête en notre honneur sur la terrasse de son immeuble à Hazmieh, qui dominait tout Beyrouth. Il y avait une danseuse du ventre, des convives habillés en Pierre Cardin, un buffet avec du saumon, du tarama, et des monceaux de pâtisseries et de fruits. En quinze jours de siège, nous n'avions mangé que des tomates pourries et des oignons. La danseuse du ventre hélait les vedettes israéliennes qui bombardaient Hamra :

— Plus fort, mes frères, la musique des bombes, plus fort, faites-nous danser.

Un groupe de vieilles, le verre à la main, hurlaient et applaudissaient à chaque explosion :

— Bravo, tuez-les tous, il ne faut pas laisser un seul survivant.

Avec mes deux sœurs, on s'est jetées sur elles pour les griffer et les mordre. Mon oncle a appelé ma mère pour la supplier de venir nous reprendre :

— Viens chercher tes filles, ce sont des terroristes, elles risquent de se faire égorger si elles restent ici.

Ma mère est venue à l'aube nous chercher au passage du Musée. Nous avons été arrêtées au *checkpoint* tenu par les phalanges. Les miliciens ont fouillé mes sœurs qui avaient caché des pommes dans leur corsage. Ils leur ont confisqué les fruits en ricanant :

— Les Arabes ne mangent pas de Golden, mesdemoiselles.

14

Nous avons rejoint l'abri souterrain à Verdun. Les bombardements devenaient plus intensifs, le sol tremblait sous nos pieds. J'ai passé quarante-huit heures accroupie, recroquevillée dans le noir ; dehors c'était un déluge de feu et de phosphore. Je dormais avec une miche de pain et un Kiri sous l'oreiller. Nayla, très coquette, portait des escarpins, et se passait du rouge à lèvres dans le noir, en se demandant qui était cette armée de fous qui empêchait tout un peuple de prendre une douche. Au mois de juillet 1982 et après quatre semaines de siège, il ne restait plus rien, ni eau, ni pain, ni fromage, l'armée israélienne avait verrouillé la ville, en avait fermé toutes les issues, comme un échec et mat. Les Palestiniens assiégés tentaient de résister, mais le combat était trop inégal.

Radio Monte-Carlo a annoncé que les émissaires américains avaient obtenu d'Israël une trêve pour l'évacuation des civils blessés. Nous sommes sortis de l'abri. Avec la chaleur, les cadavres, les bombes et les ordures, Beyrouth sentait la charogne. Nous avons vu tous les immeubles éventrés, les ruelles étaient jonchées de cuisinières et de réfrigérateurs projetés par le souffle des explosions. Il régnait un silence inouï. Les rues étaient désertes. Le soleil cognait très fort. La mer était toujours encombrée des bateaux de guerre gris et vert. Quelques oiseaux chantaient ; au loin, j'entendais les aboiements de meutes de chiens qui se promenaient désormais avec des fémurs d'homme entre les dents. Je suivais mes sœurs et au bout d'une ruelle nous avons vu une vieille maison bombardée, elle avait un grand jardin, avec un grand bassin d'eau, croupissante. Nous nous sommes jetées toutes les trois dedans, pour boire et nous laver, nous étions nues et vertes, pataugeant au milieu des grenouilles, les cheveux recouverts d'algues, mais si heureuses sous le ciel de Beyrouth. C'est le plus beau bain de ma vie.

Mon père a pris la décision de nous faire quitter l'appartement de Verdun, qui venait d'être touché, tout le quartier à proximité de la corniche risquait d'être rasé. Nous nous sommes retrouvés à Wat Wat. Selon ma mère, les ruelles de ce quartier sont si étroites qu'elles empêchent les balles de passer. L'appartement était sombre, il était abandonné depuis des années, le soleil n'y entrait jamais. Les chaises étaient défoncées et les matelas vomissaient leurs ressorts. Cependant, il se situait à quelques mètres du siège de la radio. Ma mère pouvait enfin aller à pied à son travail et cette proximité nous rassurait. Combien de fois n'a-t-elle pas traversé seule la ville au volant de sa voiture pour assurer son émission ?

Avec mes sœurs, nous insistions pour faire quelque chose, mais notre père refusait catégoriquement que l'on prenne les armes :

— Il est hors de question que mes filles prennent les armes, les armes sont réservées aux militaires, et les militaires sont tous des fascistes.

— Mais, nous, on veut faire quelque chose pour sauver les gens.

— Dans ce cas, je vous conseille d'aller à la Croix-Rouge, ils ont besoin d'aide.

Nous avons aussitôt rejoint la Croix-Rouge. Après une formation de quelques heures, nous avons été admises comme infirmières. L'équipe ne disposait que d'une seule ambulance, dont on ne pouvait pas se servir car il n'y avait plus d'essence. Notre première sortie concernait le cinéma *Concorde* transformé en abri pour quatre cents familles. Les blessés gisaient par terre, les enfants étaient brûlés par les bombes à fragmentation… Les gens nous sautaient au cou, nous prenant pour des sauveteurs, mais nous n'avions ni sérum, ni médicaments, ni ambulance. Impuissante, je me contentais de pleurer en regardant les enfants mourir sur les sièges du cinéma.

L'étau se resserrait de plus en plus autour des Palestiniens, les Israéliens faisaient exploser chaque immeuble où s'arrêtait le chef de l'OLP. Depuis la fameuse baignade, nous n'avions pas pris de douche. Nous achetions l'eau très cher. Pour faire notre toilette, on se contentait de se passer sur le visage un gant légèrement humecté, hors de question de se laver les cheveux. Nous ne mangions plus que du riz, du blé et des lentilles, nous avions oublié les fruits et les légumes. Les amis de mon père venaient le soir, chacun rapportait son trésor du jour, un concombre, une tomate, un bout de pain, une poignée d'olives. C'était Byzance !

Un soir de ce mois de juillet, mon père a découvert dans une maison bombardée une pastèque criblée d'éclats de verre. Il est revenu heureux à la maison, nous avons voulu la dévorer à nous seules, mais, lui, voulait que tout l'immeuble soit de la fête. Nous l'avons coupée en très petits dés pour l'offrir aux dix étages de voisins.

C'était une période très dure pour mon père, il ne travaillait plus, ma mère passait ses journées à la radio et nous nous étions à la Croix-Rouge, lui n'avait ni la possibilité d'écrire ni la force de prendre les armes, il souffrait de terribles migraines et se frottait le dos contre le mur pour soulager sa douleur.

Hamra était déserte, aucun immeuble n'était debout, les bombes au phosphore brûlaient tout, en même temps la ville était à nous, nous étions seules dans les rues, nous étions les reines de la ville qui n'appartenait qu'à nous. Nous étions enfin tous égaux, nous avions tous faim et soif et nous étions tous très sales. Pas âme qui vive. Je sentais que je pouvais compter sur n'importe quel voisin ou passant, nous étions enfin dignes d'exister. A part le bruit des bombes, le quartier était secoué parfois par les cris des supporters de foot. C'étaient les derniers jours de la Coupe du monde et tout le Liban était rivé devant la télé. Pour que tout le monde puisse suivre les matchs sous les bombardements, et malgré le blocus, les gens installaient dans la rue des petites télés alimentées avec des batteries de voitures. On s'asseyait en cercle autour pour applaudir son équipe élue. J'ai haï l'Italie qui a éliminé mon équipe préférée, le Brésil.

A la radio, la voix de ma mère nous annonçait qu'Arafat reconnaissait l'Etat d'Israël. Mon père avait la tête entre les mains et moi gamine à ses pieds j'essayais de comprendre ; pourquoi tant de guerres, tant de morts pour ça ?

A partir du 1er août 1982, et durant deux semaines, l'aviation, la marine et les blindés israéliens incendièrent Beyrouth nuit et jour, sans répit. Nous étions dans les abris, une fois encore dans le noir, sans eau ni nourriture, pour me désaltérer je suçais ma peau puis celle de ma sœur. Le 20 août, un cessez-le-feu était obtenu par les Etats-Unis. Quinze mille combattants de l'OLP allaient être évacués par les flottes des pays occidentaux.

Mon père l'écrira dans ses Mémoires, les moments les plus tragiques de cette guerre, ce ne sont pas les images du départ des Palestiniens de Beyrouth, mais celles des chevaux de l'hippodrome de la ville, qui n'avait jamais cessé ses courses durant la guerre civile mais qui les avait interrompues en raison du blocus israélien. Les chevaux livrés à eux-mêmes erraient dans la ville, avec les rats et les chiens et plusieurs se faisaient exploser en posant un sabot sur une bombe à fragmentation. C'était le charnier des chevaux. Nous étions à la Croix-Rouge, nous avons arpenté la ville, les Palestiniens faisaient leurs adieux, ils tiraient en l'air, les gens étaient aux balcons, les balles retombaient sur les épaules de ceux qui les saluaient, j'ai passé des jours à extraire des balles des épaules et des bras des gens, je les enlevais avec une pince. Je n'ai jamais vu autant de balles entre mes mains.

15

Après le départ des Palestiniens, Israël avait levé son blocus. Nous avons eu de l'eau en abondance et les magasins ont rouvert leurs portes. Pour fêter ce retour à la vie normale, j'ai décidé de manger des brochettes pour la première fois de ma vie. Je suis tombée très malade, mon père à mon chevet essayait de me faire rire :

— Tu as survécu aux bombes au phosphore, tu ne vas pas mourir à cause d'une *kefta*.

La télé restait allumée dans le salon toute la journée. Les élections présidentielles devaient avoir lieu à l'automne, mais personne ne pensait que le Parlement allait pouvoir se réunir. Toute ma famille suivait le dépouillement en direct. L'huissier faisait le décompte des voix d'un ton très grave :

— Gemayel, Gemayel, Gemayel.

Les députés se sont levés pour applaudir le nouveau président du Liban : Béchir

Gemayel. Nous nous sommes regardés, hébétés, abasourdis. Nous connaissions les crimes qu'il avait commis contre les siens et contre les Palestiniens, nous connaissions aussi son amitié pour Israël. Il appelait Menahem Begin papa.

A Beyrouth-Ouest, on entendait voler les mouches, à l'est, c'étaient les salves de joie et le champagne à flots.

Béchir prêta serment le 23 août, le 14 septembre, les troupes israéliennes entraient dans Beyrouth, en violation de l'accord de cessez-le-feu. Le lendemain, nous nous sommes réveillés pour voir toutes les poubelles et les conteneurs remplis de toutes sortes d'armes, kalachnikovs, Uzi, RPG, pistolets, grenades. Les gens s'étaient délestés de leurs armes dans la nuit, car les troupes israéliennes ratissaient la ville. Mon père avait mis son costume et sa cravate, il s'attendait à ce qu'ils viennent l'arrêter. Il voulait prendre avec moi un dernier verre pour la route. Les choses allaient tellement vite que je n'avais même plus le temps ni pour la tristesse ni pour la joie. A ta santé, j'ai dit, quand nous avons entendu des hurlements dans la cage d'escalier. Notre voisin du cinquième traînait par le col son fils unique, arrivé devant la patrouille israélienne il lui a mis une balle dans la tête. Rafiq avait seize ans. Il avait dénoncé un militant palestinien pour cinquante dollars.

Quelques jours plus tard, la voix enjouée de ma mère annonçait à la radio : "Ce matin, le président Béchir Gemayel est mort dans l'explosion d'une bombe placée dans le local des phalanges à Achrafieh."

A l'ouest, il y a eu des salves de joie et nous avons bu de l'arak. Beaucoup de nos amis chrétiens étaient soulagés. L'homme était un danger pour toutes les communautés.

Au lendemain de la mort de Gemayel, la Croix-Rouge nous a réveillés tôt. Il fallait courir vers un camp dans la banlieue sud. Bien avant d'arriver à Sabra, je sentais une odeur insupportable, la même que laissent derrière eux les chiens quand ils sont repus de cadavres. Il faisait très chaud. J'avais pourtant un masque. La première image que j'eus de Sabra fut celle d'une Palestinienne qui traînait le cadavre de son mari égorgé et criait aux journalistes :

— Arrêtez de nous filmer, vous n'avez pas honte, c'est maintenant que vous venez, fils de putes.

Des ruelles et des maisons jonchées de cadavres d'enfants, de femmes et de vieillards, tous gonflés par la chaleur. Les femmes s'arrachaient les cheveux, hurlaient, racontaient par bribes la nuit du massacre, les fusées éclairantes des Israéliens, l'arrivée des phalangistes ivres et drogués, leur joie à découper les hommes en les collant contre un mur, le viol des jeunes filles sous les yeux de leurs familles. J'ai vu une famille massacrée dont les huit membres étaient

attachés les uns aux autres avec des barbelés, le fil de fer se perdait dans la chair bleue
et noire. Les gens ne reconnaissaient les leurs
qu'à leurs vêtements, tellement ils étaient
défigurés. Je soutenais les femmes au moment de l'identification. Je pleurais et je
vomissais. Cela dépassait la rage, la tristesse
et même la folie. Je me sentais égorgée moi-
même. Ce qui m'a fait le plus peur à Sabra
ce ne sont pas les morts, mais ce qui se lisait
sur le visage des vivants. Je venais d'avoir
quatorze ans.

Amine Gemayel avait pris la succession
de son frère à la présidence. A peine élu, il
avait décrété le couvre-feu sur Beyrouth-
Ouest. Il était interdit de circuler de 18 heures
à 6 heures. Il avait fait appel à une force
internationale pour protéger "les civils des
exactions". En quelques heures, les rues de
Beyrouth ressemblaient à un défilé militaire
où l'on voyait tous les uniformes de la pla-
nète. On se sentait piétinés et envahis par
toutes ces armées étrangères. Moi, je me
voyais petite, comme si je rétrécissais de
jour en jour. Le nouveau gouvernement
avait fait adopter une loi qui limitait la
durée des titres de séjour pour les étrangers
à neuf mois. Etrangère dans mon pays,
avec mon père et mes sœurs, j'avais l'impression que les Libanais voulaient nous
faire payer l'origine syrienne de mon père,
lui que les Syriens voulaient tuer à tout
prix.

En septembre, j'ai repris le chemin de l'école, au Carmel Saint-Joseph, tenu par des bonnes sœurs de gauche et fréquenté par les enfants des dirigeants du Parti communiste libanais. A la cantine, les haut-parleurs nous diffusaient *Camarade* de Jean Ferrat et *La Solitude* de Ferré. Mes copines passaient le plus clair de leur temps dans les toilettes dont les fenêtres donnaient sur la base des forces françaises. Rares étaient celles qui n'avaient pas un amant dans la Finul. Mais ma sœur et moi nous ne nous prêtions pas à ce jeu car notre père nous avait prévenues :

— Si vous êtes en manque faites l'amour avec un chien mais jamais avec un soldat.

Moi, je buvais en classe des cocktails de Tabasco et de vodka juste pour faire enrager le professeur de géographie qui voulait qu'on apprenne par cœur le nom de tous les fleuves de France.

Dans les rues de Hamra, je commençais à croiser les premiers barbus qui crachaient au passage des femmes dévoilées. Dans le Sud, le Hezbollah, né sur les décombres de l'invasion israélienne, commençait à prendre du pouvoir, il organisait la défense de cette région livrée à la misère et à l'occupation depuis tant d'années.

Depuis l'invasion israélienne, j'avais arrêté les séries à la télévision. Le programme avait changé, l'émission s'était transformée, j'étais à un âge ingrat, ni femme ni enfant, mais aussi adulte très tôt à cause de la guerre qui nous avait privés de toute enfance. Nayla avait cessé de chanter, elle s'était mise au luth. Rana avait choisi la guitare, et moi je voulais faire du violon. J'ai passé des heures à torturer l'archet sans parvenir à lui arracher le moindre son. J'ai décidé alors de mettre un terme à ma carrière de musicienne. Après le départ des Palestiniens, mon père n'avait plus aucune ressource, car ils lui commandaient des piges de temps à autre. Ma mère se vit à son tour privée de ses émissions qu'elle avait maintenues au risque de sa vie. A ce moment-là, j'ai assisté à la montée de la haine entre chrétiens et musulmans et mon père martelait plusieurs fois par jour :

— Sans les chrétiens, le Liban est mort.

Les phalangistes s'étaient déployés dans Beyrouth-Ouest. Ils considéraient la victoire d'Israël sur l'OLP comme la leur. Ils étaient en terrain conquis. Ils entraient de jour comme de nuit dans les maisons, enlevaient ou liquidaient arbitrairement les jeunes. La guerre prenait une autre tournure. Ce n'était plus un temps de fête.

Je n'avais pas de vrai amour pour qui que ce soit. Je cherchais un amour impossible, mon père m'avait raconté le mythe de la boule de Platon : "Au départ, l'homme et la femme ne faisaient qu'un jusqu'au jour où la boule originelle a été scindée en deux. Chacun sur cette terre va chercher sa

moitié dont il a été amputé." Je regardais
chaque garçon dans les yeux en me demandant : Est-ce ma moitié ? Mais je n'ai jamais
senti chez quiconque cet appel des ori-
gines. Tomber amoureux n'était pas facile, il
fallait tenir compte tout d'abord de la
proximité. Beyrouth était tellement déman-
telé, brisé en une infinité d'îlots et d'univers
qu'une fille avait intérêt à avoir un amoureux habitant la même rue et de préférence
le même immeuble, sinon son amour serait
impossible. Comme je n'avais pas de mec à
moi, je traînais avec les voyous, à la sortie
de l'école, je retrouvais les ados réunis en
bas de l'immeuble, ils parlaient moto, musique, amour, mais jamais de la guerre ni de
la politique, ni de religion, comme si on
cherchait à oublier la guerre.

Je m'habillais en pantalon, je ne me
trouvais pas belle, j'allais chez *If* acheter
mes vêtements et mes chaussures chez un
Arménien, non loin de l'université améri-
caine. Le magasin était rempli de boîtes à
chaussures, lui était un petit vieux avec
des lunettes sur le nez, il avait une petite
table avec une machine à coudre, il faisait
des chaussures sur mesure pour toute la
famille. Je poussais parfois jusqu'à Cle-
menceau où il y avait *Le Piaf* qui faisait les
griffes parisiennes. Je faisais mes courses
avec mon père qui avait toujours la Volvo.
Elle avait été à deux reprise renversée par
un bus et le toit avait été criblé de balles.

Quand il pleuvait sur Beyrouth, nous étions trempés à l'intérieur.

Au Carmel Saint-Joseph, j'avais découvert le ciné-club. J'ai vu *Hiroshima mon amour* qui m'a aidée à voir autrement la guerre. J'ai vu tous les films du cinéma arabe depuis les années 1920, les classiques américains. Je rédigeais une fiche sur chaque film.

Je savais que j'allais faire du théâtre et rien d'autre, je lisais Anouilh, Beckett et Ionesco. Je rêvais d'aller au Royal Theatre de Londres.

Durant cet automne 1982, le marché a vu apparaître des groupes électrogènes plus réduits. Tout le monde s'est précipité dessus. Les nuits sont devenues impossibles. Beyrouth résonnait vingt-quatre heures sur vingt-quatre comme un immense marteau-piqueur.

A force de fréquenter le ciné-club qui se trouvait au sous-sol et était desservi par un escalier glissant en pierre, j'avais fini par me casser une jambe. Un soir, en sortant de la projection du *Dictateur* de Chaplin, je me suis retrouvée au milieu d'un accrochage entre le mouvement national et les forces libanaises. J'étais avec toutes les filles de ma classe. Les obus tombaient derrière nous. J'étais sur les béquilles, le feu se rapprochait, à un moment donné, j'ai senti que je volais au-dessus de la chaussée, je courais devant tout le monde jusqu'à l'appartement de Verdun et j'ai gravi les dix étages. Quand je suis arrivée en haut, j'avais les aisselles en sang. Mon père nous a rejointes très vite, depuis l'attentat il était devenu plus méfiant, plus prévenant, il passait des heures devant le téléphone en lui donnant des coups, attendant que la tonalité revienne. Nous nous sommes crues à l'abri, avec mes copines, nous avons sorti le Monopoly, quand un autre obus a traversé de part en part le salon. Le souffle m'a projetée contre le mur. Nous avons couru à l'abri.

Il pleuvait. Les matelas en mousse étaient imbibés d'eau. Il faisait très froid. Nous n'avions ce soir-là que des olives et un concombre. Mon père m'avait portée dans ses bras jusqu'aux toilettes. C'était une cuvette à la turque. J'ai enlevé mon pantalon et j'ai vu sur le mur gauche deux trous derrière lesquels tremblaient deux paires d'yeux noirs et écarquillés. J'ai crié, mon père a couru, il a surpris deux indics syriens agenouillés devant le mur des toilettes et m'observant pendant que je pissais. Durant trois jours de cet hiver 1983, ni la pluie ni les combats n'ont cessé. A la quatrième nuit, ma mère, qui nous voyait au bord de l'agonie, a pris les choses en main :

— Si vous restez là, vous allez mourir, venez, il paraît qu'on vient d'ouvrir une extraordinaire boîte de nuit sur la plage Saint-Simon.

Beyrouth était désert. Nous avons traversé les camps où s'entassaient dans la misère les réfugiés du Sud avant d'arriver au *Summerland*. Des petits trains coloriés comme dans un Walt Disney venaient chercher la clientèle et la déposer devant la piscine couverte où l'eau tombait en cascade d'une hauteur de dix mètres et derrière la cascade il y avait un bar circulaire. Une clientèle en smoking et robe de soirée dégustait ses cocktails. Des jeunes filles se jetaient à l'eau avec leur tee-shirt. L'animateur appelait à la tribune pour le concours du plus beau bikini de Beyrouth. A un kilomètre les bombes pleuvaient sur Hamra. Je grelottais, j'étais en jean, je sentais la boue et le moisi, j'ai fermé les yeux et j'ai plongé à mon tour. La sono diffusait *It's raining men* dans cette nuit folle de Beyrouth.

16

Ma sœur aînée était amoureuse d'un étudiant musulman religieux. Par passion, elle l'imitait en tout et commençait à faire la prière et le ramadan. Elle s'enfermait dans la chambre pour faire sa prière et mon père ne comprenait pas. J'ai voulu l'imiter, être comme elle. Pour moi, faire le ramadan, c'était la transgression absolue, la révolte indépassable. J'ai commencé le premier jour. A quelques minutes de l'appel à la prière qui marque la fin de la journée de jeûne, mon père m'a appelée pour me proposer un verre de whisky, j'ai décliné poliment :

— Non, papa, j'ai mal au ventre.

— Justement le whisky calme les douleurs.

— Non, c'est que je veux aller chez la voisine.

Il devenait de plus en plus pressant. J'ai fini par éclater :

— Non, je ne veux pas de ton whisky, je fais le ramadan.

Ses grands yeux bleus se sont mouillés. Il me regardait, le verre tremblait dans sa main, moi, j'étais là, debout, décidée à aller jusqu'au bout. Je sentais que j'incarnais alors la faillite de tous ses rêves de liberté, de laïcité. Il a hurlé :

— Tu n'as pas le droit de faire le ramadan, c'est interdit.

Il s'étranglait et je lui ai lancé au visage :

— Tu dois respecter mes convictions, c'est toi qui me l'as appris.

Il s'est précipité sur moi, il m'a soulevée d'une main et, de l'autre, il m'a obligée à boire le whisky :

— Conviction, mon cul, allez bois je te dis.

J'ai bu. J'ai senti la liqueur me chauffer le ventre. Je me suis détendue :

— C'est vrai, papa, c'est un truc complètement con. Je ne le referai plus jamais.

Il m'a embrassé le front.

Un verre de Johnnie Walker étiquette noire aura eu raison de ma première et dernière crise mystique.

La guerre devenait de plus en plus sale. Mon père tenait des chroniques sous un pseudonyme, mais son journal recevait chaque jour des menaces. Nos amis palestiniens qui avaient trouvé refuge à Chypre insistaient pour qu'il quitte Beyrouth et aille les rejoindre. Il a pris la décision de partir, mais l'aéroport était fermé, et il était hors de question qu'il prenne le bateau de Jounieh, fief des phalangistes. En attendant son départ, moi je plongeais dans l'activisme politique. Chaque parti, chaque groupuscule avait sa radio, les Mourabitounes, les phalanges, le parti chiite Amal, le parti communiste organisait des séances de formation pour la jeunesse, je m'abîmais dans des réunions pour expliquer le marxisme aux jeunes bourgeois de ma génération, le Carmel nous donnait l'autorisation de participer aux manifestations de soutien à la résistance nationale. Je croyais accomplir un exploit fabuleux, être actrice sur le terrain et ne pas suivre seulement mon père. Je découvrais enfin la politique en dehors de la guerre, je lisais Marx et les carnets de Bolivie de Guevara. Je tenais des réunions des cellules de la jeunesse communiste dans des caves et des pièces obscures.

Les accrochages étaient tellement violents au début de l'année 1984 que nous passions tous la nuit au milieu de l'appartement. Ma sœur aînée sombrait dans la religion et Nayla avait décidé d'arrêter la télévision pour faire du cinéma. Mon oncle, cinéaste, lui avait conseillé d'aller à Bruxelles.

Un soir, un de nos amis est venu nous annoncer qu'un bateau nous attendait à l'aube et qu'il fallait emprunter des barques de la corniche pour le rejoindre. J'avais résolu de ne pas laisser mon père partir tout seul. Nous nous sommes réveillés à l'aube avec le passage des marchands de fèves et de graines. Alertés, les miliciens ont commencé à nous tirer dessus mais nous avions de bons rameurs qui nous ont vite mis hors de portée des tirs. Nous sommes montés à bord, la mer était calme, le ciel bleu. Je regardais s'éloigner Beyrouth dans la brume. Nous sommes allés sur le pont supérieur, je voyais la fumée monter des quartiers et la ville qui s'éloignait progressivement, je pleurais de joie car j'avais échappé aux tirs, je pleurais de tristesse.

Nous étions attendus à Larnaka et nous avons filé vers Nicosie, où se trouvaient tous les Palestiniens chassés de Beyrouth et les opposants syriens. Nous avons été hébergés par un ami qui avait un grand appartement, modestement meublé. A ce moment, nous avons vécu d'affreuses insomnies, ni l'alcool ni les calmants n'en venaient à bout. Passé les premiers jours, nous nous sommes rendu compte que c'était à cause du silence qui régnait à Nicosie que nous ne trouvions pas le sommeil. Nous avons compris les dégâts que la guerre avait provoqués en nous, je me jetais sous les tables en entendant les sirènes des ambulances et mon père évitait toutes les fenêtres quand il entrait quelque part. Nous avons appris que la vie ce n'était pas la guerre car on disait tout le temps à Beyrouth et sous les bombes : Mais nous on vit normalement".

Un ami de mon père responsable au consulat syrien de Nicosie ému par notre situation nous a établi des passeports syriens. Je pouvais enfin voyager sans laissez-passer.

Après un mois de séjour, mon père avait pris l'avion pour Tunis et moi je rentrais à Beyrouth. J'ai retrouvé le gang des motards, ils avaient tous les cheveux longs. Je traînais tous les soirs au *Back Street*, une boîte de nuit, au Makhoul, en bas de Hamra. La plupart des jeunes de ma génération étaient partis vivre à l'étranger, ceux qui étaient restés tombaient comme des mouches. Un soir, en sortant du bistrot d'André, j'ai vu un jeune bourgeois insulter un piéton debout au milieu de la chaussée. Le piéton a sorti un revolver de sa poche, et a demandé au jeune de descendre de la voiture et de demander pardon à genoux. Il a refusé. L'autre lui a tiré une balle entre les deux yeux, avant de poursuivre son chemin.

J'ai connu Maher, un jeune homosexuel de vingt ans, il voulait faire médecine aux Etats-Unis. Il avait des cheveux blonds. Il habitait une chambre minuscule dont le toit, les murs et le sol étaient peints en rose. Je parlais beaucoup de sexualité avec lui, je venais d'avoir seize ans. Il me racontait ce que disaient les hommes libanais sur les femmes, comment ils se vantaient de faire sauter leur hymen comme le bouchon d'une bouteille de champagne. Ils ne disent pas dépuceler mais casser, décapsuler, et quiconque "ouvre" une fille, elle lui appartient à vie. Je pensais au marquage du bétail que je voyais dans les films américains, je trouvais cela scandaleux.

Maher m'a rassurée :

— Ecoute-moi, tu n'as qu'à le faire toi-même.

— C'est difficile, Maher.

— Ce n'est rien, c'est plus fin que du papier à cigarette.

— Moi qui croyais que c'était un bout de chair, pareil à un steak.

Maher était une encyclopédie, il connaissait tout des hommes et des femmes, c'est lui qui a fait mon éducation. Je passais des journées chez lui à visionner des films pornos et il me commentait les avantages de chaque position. Il m'a appris que la fellation était le plaisir préféré des hommes. Il m'a initiée à le faire sur un concombre. "Il faut que tu te mettes bien dans la tête que la fellation est un art, tout comme le chant, la peinture ou la gastronomie, au début tu prends délicatement le sexe, tu le tiens bien en main, d'abord la langue doit juste effleurer les testicules, à petits coups, puis elle doit remonter le long de la verge, lentement, il faut la lécher comme une glace, enfin, tu prends le gland, tu passes la langue autour, et ce n'est qu'après ce long prélude où rien n'est forcé, où tout est fait du bout des lèvres et de la langue que tu peux prendre le sexe entièrement dans ta bouche. N'aie pas peur des éjaculations, le sperme n'est pas nocif ! Il contient deux types de vitamines, C et B12, mais également de nombreux sels minéraux tels le calcium, le magnésium, le phosphore, le potassium et le zinc ; il contient aussi deux sucres, le fructose et le sorbitol. Dis-toi aussi que le sperme est riche en protéines, en sodium et en cholestérol, il faut que tu saches également que la valeur calorique d'une éjaculation moyenne varie entre quinze et trente calories. S'il t'arrivait d'avaler par hasard, ce serait juste quelques calories de plus.

Je ne l'ai pas laissé finir son récit, j'étais amoureuse d'Ara, un Arménien aux yeux verts. Je savais qu'il passait ses journées au bain militaire. J'ai sauté dans un taxi. Il était effectivement sur la plage. Je l'ai pris par la main et je l'ai emmené dans une cabine. Sans lui dire un seul mot, je lui ai arraché son maillot, j'ai pris son sexe dans la bouche, en pensant aux mots de Maher comme à une recette de cuisine, quand j'ai senti le sperme dans ma bouche, je n'ai pas eu le courage de l'avaler, Maher m'avait prévenue, aucune Libanaise n'est assez libérée pour le faire, je l'ai recraché, et j'ai vu Ara, écroulé, la bouche ouverte, les pupilles dilatées, les bras en croix murmurant :

— Seigneur, que c'est beau ! Merci, Seigneur pour cette offrande.

Moi, je n'avais rien senti, c'était une performance, un tour de main purement technique, du travail artisanal bien fait.

La nouvelle s'est vite répandue dans le groupe. Toutes les filles du bain militaire sont venues me voir pour que je les initie. Comme mes parents étaient à Tunis, j'ai commencé à donner mes premiers cours de catéchisme sexuel à mes copines du Carmel Saint-Joseph pour cinq dollars de l'heure. Elles étaient assises en cercle dans le salon, et moi, pareille à une prêtresse, armée d'un concombre, je répétais mot à mot le cours de Maher : "Sachez mesdemoiselles que la fellation est un art, tout comme le chant, la peinture ou la gastronomie…"

17

J'ai goûté à la coke, chez Maher, au mois de juin 1984. Il avait placé un miroir sous un abat-jour, il a pris une lame de rasoir pour réduire la poudre en grosses lignes. Il m'a tendu une paille :

— Maintenant, tu te bouches une narine, et tu aspires par l'autre. C'est un décollage immédiat, c'est de la rose bolivienne qu'on appelle écaille de poisson.

J'ai sniffé la première ligne, j'ai senti comme si quelqu'un lançait une grenade dans ma tête, comme si mille projecteurs s'étaient allumés dans mon cerveau. Il était 2 heures du matin, les miliciens ivres nettoyaient leurs armes en écoutant les Pink Floyd, je marchais au milieu de la rue avec une impression d'invulnérabilité rare. J'étais outrageusement maquillée, mes ongles faisaient cinq centimètres, et je me sentais dans la peau de Clint Eastwood dirigé par Sergio Leone. J'avais cinq grammes de coke sur moi et je croyais qu'avec je pouvais abattre une armée de phalangistes.

J'échouais le soir pour vider une Stolichnaya dans un rade aux murs tapissés des photos de Marx, Engels et Lénine ou bien chez Abou Ali, à côté du phare. Il y avait là la baraque d'un pêcheur qui avait planté un champ de cannabis. Sa femme me servait des sardines grillées à la pointe du jour.

Pas une semaine ne passait sans que j'aille à la morgue reconnaître le cadavre d'un ami, d'un oncle ou d'un cousin. L'hôpital était devenu le lieu où on croisait tout le monde, il avait remplacé la place du village.

Les visites à la morgue me donnaient de furieuses envies de faire l'amour. Un soir, j'avais fait la rencontre de Ramy, un infirmier. Il m'avait proposé de me raccompagner en ambulance, son collègue filait à toute allure, nous étions sur la civière, collés l'un à l'autre, il m'embrassait fougueusement. J'avais ma langue dans sa bouche et je m'émerveillais du son de la sirène. En arrivant chez moi, j'ai vu que la maison était pleine, ma mère avait invité toutes les voisines pour fêter son retour de Tunisie. A ma vue, toutes les femmes ont crié :

— *Hi*, Seigneur préservez-nous du diable.

Et elles se sont enfuies.

Ma mère a éclaté en sanglots :

— Sale pute, va te regarder dans une glace.

Je suis allée dans la salle de bains, mon cou était entièrement couvert de suçons.

Pour me faire pardonner, j'ai voulu l'aider à préparer la viande pour faire du *kebbé*. Il faut la hacher très finement. Elle découpait les oignons et répétait sans arrêt :

— Mon Dieu, quelle honte, je n'oserai plus jamais affronter le regard des voisines, tout ça c'est la faute de ton fou de père qui n'a pas su élever ses filles, mon Dieu, tout Beyrouth-Ouest et Est va être au courant de tes suçons.

Elle n'avait pas tort, car les ragots se riaient de la ligne de démarcation. Au bout d'une heure de sermons, je n'en pouvais plus. Je me suis levée tranquillement et je lui ai pointé le couteau sur le cou. Je revois l'expression de frayeur dans ses yeux, je crois qu'elle a vraiment cru que j'allais l'égorger. Elle s'est sauvée en courant. Pour fuir sa crise de larmes, je me suis réfugiée chez Maher. Il pleuvait cette nuit-là. Les tirs étaient sporadiques. La mer était démontée. Le ronflement des groupes électrogènes couvrait presque le bruit des obus. Maher m'attendait :

— Qu'est-ce qui se passe ?

— Ma mère me traite de pute.

— Tu lui as dit que tu étais encore vierge ?

— Elle ne me croira jamais.

— Autant ne pas lui donner tort.

Il avait pressenti mon désir d'en finir avec cette chose. Ma virginité me pesait comme un fardeau. Je sentais qu'il fallait que je m'en débarrasse comme d'un objet encombrant, non pas en faisant l'amour, mais autrement. Maher m'a préparé deux lignes de coke. Il m'a expliqué dans le détail ce que je devais faire avant de me laisser seule. Je me suis déshabillée, j'ai éteint la lumière, j'ai allumé une quantité de bougies, j'ai mis *La Mémoire et la Mer* de Léo Ferré. Il chantait dans la nuit de Beyrouth :

> *La marée, je l'ai dans le cœur qui me remonte comme un signe.*

J'ai pris la première puis la seconde ligne. Je me suis accroupie. Je ne me suis pas caressé le sexe, j'ai juste senti au bout de mes doigts les poils un peu drus, j'ai écarté mes lèvres, j'ai enfoncé lentement mes doigts, j'entendais le rire de mon père, je voyais le regard malicieux de Maher, j'ai senti quelque chose qui résistait, j'ai forcé. J'ai senti quelque chose couler sur mes doigts. J'ai retiré ma main, elle était rouge. La porte s'est ouverte, Maher était de retour. Il m'a embrassée sur les yeux.

Dehors, la guerre n'en finissait pas. Cette année-là, la milice chiite Amal avait résolu d'éradiquer complètement ce qui restait de la présence palestinienne à Beyrouth. Ses soldats dépassèrent en férocité l'armée israélienne. Traverser Hamra le soir relevait de la roulette russe. D'une ruelle à l'autre, d'un barrage à l'autre, je risquais d'être tuée, enlevée ou violée. Moi, je jouais à la femme ivre. Je plaisantais avec les miliciens et quand ils me sommaient de m'arrêter je répondais :

— Vas-y mon amour, tire-moi dessus.

Je jouais sans cesse avec le feu, car c'était notre seule façon de vivre, quand on se retrouvait entre amis, on ne se racontait qu'une seule chose, comment chacun de nous avait échappé à la mort durant la journée. Je commençais à prendre de la coke tous les jours, le gramme coûtait deux dollars, tout Beyrouth croulait sous la drogue. Je passais mes nuits à danser au *Back Street*, on y trouvait tous les enfants des chefs de guerre, les miliciens et les enfants des leaders politiques. Tous se droguaient. A ce moment, j'ai connu Nabil, un grand gaillard brun, qui ne se séparait jamais de ses lunettes de soleil. Un soir, il m'a proposé de prendre un dernier verre chez lui. Nous avons bu beaucoup de whisky, je le sentais fébrile, il était allongé à mes côtés sur le canapé, soudain, il s'est levé, s'est jeté sur moi, j'ai crié. Nous sommes tombés par terre. Il m'a plaquée au sol. Il m'a arraché ma robe, mon slip. Il haletait, je voyais juste ses yeux injectés de sang, je sentais son haleine imbibée de whisky, il m'a pénétrée, il a joui en une seconde puis s'est retiré. Il regardait son sexe, le touchait avant d'examiner ses doigts, furieux :

— Salope, tu n'es pas vierge, salope, tu m'as caché que…

Je n'ai rien dit, j'ai ouvert la porte et j'ai couru. Sur la corniche, il y avait d'un côté les Mourabitounes, de l'autre les nationalistes syriens, personne ne m'a parlé, il n'y avait pas d'éclairage public, j'ai avancé dans la nuit en pleurant. J'étais suivie par une meute de chiens, je sentais son sperme couler le long de mes cuisses. Une fois à la maison, j'ai voulu me nettoyer complètement de sa trace. Il y avait sur mon slip des traces de sang et de sperme, j'ai passé une heure sous la douche, je me suis mise au bureau de mon père, j'ai pris un verre de whisky, j'ai voulu l'appeler mais j'ai renoncé, il n'aurait jamais supporté. J'ai bu. J'ai essayé de me coucher. J'ai senti ce soir-là que j'allais tomber enceinte. Comme l'avortement était toujours interdit au Liban, j'ai consulté le lendemain un gynécologue qui m'a établi un constat de viol.

A la veille de mon seizième anniversaire, sans rien dire à ma mère, je suis allée à l'hôpital américain pour une IVG, j'ai subi une anesthésie générale. A mon réveil, j'ai été prise d'une crise de douleur dont j'ignorais la cause, je vomissais, je tremblais, les médecins ont diagnostiqué une infection virale. J'ai passé dix jours à l'hôpital, je faisais trente-sept kilos, j'en suis sortie sur une chaise roulante.

18

J'avais une philosophie de la vie très simple, j'étais convaincue que j'allais mourir d'une seconde à l'autre, je mettais les bouchées doubles, j'étais donc affamée de tout, de sexe, de drogue, d'alcool, j'avais toujours dans mon sac une bouteille de whisky, un paquet de cigarettes et une bougie que j'allumais sur le trottoir au coin de la rue Makhoul, où je restais des heures, seule. Je voulais me venger sexuellement, je faisais l'amour comme une folle avec n'importe qui et n'importe où. Je ne sentais rien pourtant, je le faisais sous les porches, sur les tombes du cimetière orthodoxe, à la plage, dans les douches, dans les voitures, et surtout dans les toilettes des bars. Avec une bestialité qui ne laissait place ni au désir et encore moins au sentiment.

Je me souviens de ce Nagy, un adolescent, efféminé, et très distingué, il était venu me voir avec un bouquet de fleurs et un recueil de Paul Eluard. Sans rien dire, je l'ai allongé sur le canapé, j'ai sorti son sexe et je l'ai chevauché. Il était en larmes, me couvrait de baisers :

— J'étais vierge, Darina, j'étais vierge, tu m'as délivré, je veux que tu sois ma femme.

Il en avait même oublié de me lire le poème.

Une nuit du mois de juillet, j'ai retrouvé, à la porte du *Mécano*, Nabil qui m'avait violée. Il voulait me sauver, m'empêcher de sombrer, je lui ai rétorqué :

— Laisse-moi tranquille, je suis une femme libre.

Il ne me prenait pas au sérieux.

— Ma pauvre, seuls les hommes sont libres.

A ces mots, je me suis retournée, et je me suis retrouvée face à un beau brun à qui j'ai lancé :

— Tu veux tirer un coup ?

Il n'en revenait pas :

— Si seulement c'était vrai.

Je l'ai pris par la main, nous sommes descendus aux toilettes qui étaient en marbre noir. Je lui ai baissé le pantalon, je l'ai sucé, avant de lui offrir mon cul. Je me suis retirée avant qu'il ne jouisse. Il était assis sur la cuvette, le ventre aspergé de sperme, il souriait. Quelques minutes plus tard, il surgissait dans le bar pour réclamer du champagne pour tout le monde.

La nuit, je roulais à tombeau ouvert, les feux éteints, je m'allongeais sur la banquette, ma tête sous le volant, les balles sifflaient sur les vitres et moi je traversais la ville déserte, pour voir de plus près les accrochages sur la ligne de démarcation. Je retrouvais, non loin de Saint-Georges, Daoud, un jeune milicien chiite, il avait dix-neuf ans. On ne parlait pas de la guerre, je ne me posais plus de questions comme tout le monde, on continuait à faire la guerre sans même savoir pourquoi, on faisait la guerre pour faire la guerre, nous n'avions plus ni idéal, ni objectif, ni même d'ennemis. Avec Daoud, j'avais appris comment naviguer dans Beyrouth la nuit, il me faisait visiter le centre-ville, le quartier des souks où les herbes folles étaient hautes de deux mètres, là je voyais vivre entre les deux lignes de feu, distantes d'une centaine de mètres, des familles entières. J'aimais faire l'amour sur la ligne de démarcation, dans les immeubles ravagés, aux façades noires transpercées par des milliers d'impacts de balles. J'appuyais mes mains contre les murs, et pendant que Daoud venait en moi, je lisais à la lumière des bougies les innombrables graffitis qui recouvraient les murs de ces ruines : A Marika, la pute, pour la vie. A Alya, à la mort à l'amour. Je voyais au loin la mer et la ville fantômes et je criais à Daoud :

— Viens, viens, jouis avant qu'on ne crève.

Durant l'été 1985, j'avais pris ma décision de devenir comédienne et de partir à Londres poursuivre mes études. En attendant la rentrée, je passais mes journées à la plage. Un jour, alors que je traversais Hamra en voiture, un homme m'est rentré dedans. Juste après le choc, il a sauté de sa voiture pour me mitrailler avec son appareil photo. Il s'appelait Abed, il était photographe de guerre. Un grand brun, aux cheveux taillés très court, comme un marine, des yeux noirs, impulsif, le soir même, je couchais avec lui. C'était la première fois que je faisais l'amour sur un lit, avec des draps, de la lumière. Je crois que je n'avais jamais vu le visage de mes autres partenaires tellement il faisait tout le temps noir. Je ne savais pas ce qu'était une caresse ou les bras d'un homme.

Grâce à lui, je suis entrée très vite dans le monde de la presse à Beyrouth. Je vivais avec lui dans un immeuble qui ne comptait que des photographes de guerre, qui rentraient défaits chaque soir pour boire jusqu'à l'aube avant de repartir au front. Après une semaine de vie commune, Abed a demandé ma main. Ma mère était contre. J'ai rejoint alors mon père pour les fêtes de Noël à Nicosie. Il m'accompagnait dans mes virées nocturnes, dansant comme Travolta. Je lui parlais de tout, ne lui cachait rien. Il avait toujours le nez plongé dans son verre et il m'écoutait sans jamais prononcer de jugement. Il riait de mes aventures amoureuses, je lui décrivais dans le détail le sexe de chaque partenaire, chevauché, sucé, ou pris dans la main. Mais la drogue lui faisait peur. Le lendemain, Abed devait nous rejoindre. Il tenait à rencontrer mon père. Celui-ci était au balcon, il l'a vu du deuxième étage sonner à la porte. Il a pris son manteau, a mis son chapeau avant de me dire :

— Au revoir, ma fille, ce type est une merde, à ta place je ferais attention.

Je savais qu'il ne se trompait jamais sur les gens mais je l'ai menacé de ne plus jamais le voir s'il ne recevait pas mon prétendant. A contrecœur, il est resté, mais il n'a pas ouvert la bouche durant toute la rencontre.

L'idée de mon mariage ne l'enchantait pas. En me raccompagnant à l'aéroport, il m'a mise en garde :

— Ma fille, si tu veux tenter une expérience avec cet homme fais-le, mais prends garde, ne te marie surtout pas, je veux faire de toi une femme libre et pas soumise.

Je suis rentrée à Beyrouth pour prendre de nouveau le chemin de l'hôpital. Ma sœur aînée, Rana, venait de quitter son fiancé qui se radicalisait de plus en plus. Le soir de la rupture, elle avait fait la fête et retrouvé avec bonheur les joies de l'alcool. Alors qu'elle rentrait chez elle à Hamra, les miliciens ont tiré dans ses pneus. Sa voiture a fait un tonneau. Rana est sortie par le pare-brise. Elle a été scalpée par les bris de verre. Avant de l'emmener au bloc opératoire, le

médecin m'a demandé de sortir, car le spectacle allait être insupportable. Je lui ai confié
que je travaillais depuis des années avec la
Croix-Rouge et que plus rien ne m'effrayait
tellement j'avais vu d'horreurs. Je l'ai aidé à
raser ma sœur. Elle s'en est sortie avec
soixante-dix-neuf points de suture. Dans la
salle des urgences, c'était la routine, chaque
milice voulait faire passer ses blessés avant
les autres. Les médecins opéraient en priorité
ceux qui avaient le plus d'armes et de dollars. Ceux qui n'avaient ni les unes ni les
autres mouraient dans la rue.

J'étais décidée à me marier. Je me faisais traiter de tous les noms dans la ville et
je croyais qu'une fois mariée j'allais devenir
une femme respectable. En raison des combats, le ministère de l'Education avait offert
à toute ma promotion le baccalauréat. J'avais
trouvé un travail de scripte à la télévision.
Abed avait besoin d'argent pour la location
d'un appartement. Grâce aux amis de mon
père, il a réussi à faire un reportage sur les
camps d'entraînement clandestins dans les
plaines de la Bekaa. Le scoop lui avait rap-
porté soixante-dix mille francs, une fortune.
Nous avons pris un grand appartement à
Hamra. Je l'avais accompagné dans un reportage sur la culture du haschisch dans la
Bekaa. Juste après Chtaura, toute la vallée
était un immense champ de cannabis. Il
suffisait d'ouvrir les vitres de la voiture pour
planer. C'était le temps de la récolte, la

main-d'œuvre locale ne suffisait pas, les paysans libanais faisaient appel aux bédouins de Syrie et de Jordanie. Dans les champs verts, on voyait les foulards colorés qui dansaient au milieu du cannabis. Tout le monde fumait. Le "libanais" était considéré comme le meilleur. Cette région était la plus pauvre du Liban, et en quelques années tous les paysans roulaient en Mercedes. A l'entrée de chaque village, il y avait les barrages et les blindés syriens qui prélevaient une commission sur le moindre ballot. Dans la région du Hermel, les paysans s'étaient mis à la culture de l'opium et transformaient la cocaïne sur place. Nous avons passé deux semaines, avec tous les reporters de guerre qui étaient là pour une grande séance de dégustation.

J'ai vu Abed prendre de la cocaïne et du LSD mais j'avais pris la décision de ne jamais en prendre devant lui, je pressentais que cela me dépassait. Ses parents étaient très différents des miens, sa mère était voilée et son père priait nuit et jour. Dans leur maison, la moquette était recouverte de plastique, dans la cuisine, les poignées des casseroles étaient entourées de feuilles d'aluminium pour en empêcher l'usure.

Comme l'exige la loi libanaise qui impose à chaque individu de se marier selon les rites de sa confession, nous nous sommes mariés devant un cheikh, au tribunal sunnite.

Nous avons célébré notre mariage au mois de janvier 1986 dans un restaurant à Hamra. Quand nous sommes arrivés dans notre appartement, il a voulu me faire l'amour, comme il avait pris beaucoup de cocaïne, il ne pouvait pas bander. J'étais nue, il tenait son sexe mou dans une main et tentait désespérément de le réanimer et de l'autre il m'assénait gifle sur gifle. Ce soir-là, je lui découvris un autre visage.

Dès le premier jour, notre sexualité a viré au viol systématique. Il reproduisait tous les tics de sa mère, il m'était interdit de laisser la marque de mes empreintes sur la poignée chromée du réfrigérateur. A la moindre trace, il me traînait dans le salon par les cheveux.

Il a commencé à devenir un maniaque de la propreté, il portait en lui toute la violence de la guerre décuplée, il sautait de joie à chaque explosion, rêvant de faire le cliché de sa vie. C'était le temps où se négociait la libération des otages français. Abed passait ses nuits dans les halls des hôtels à recueillir les témoignages de ses indics, moi je faisais la prise de son pour les télés étrangères.

J'ai découvert la vraie violence en côtoyant ces reporters de guerre. Nous avions transformé une pièce en chambre noire, il m'a appris à développer les photos, c'était les seuls moments de tendresse, quand je développais dans le noir les photos des cadavres, des destructions et des armes. Nous sommes devenus très violents l'un envers l'autre. Parfois, il revenait de reportage, après des nuits de combats, je profitais du moment où il était sous la douche pour sortir ses pellicules à la lumière du grand jour. Il avait horreur des draps froissés durant la nuit, aussi, il m'obligeait à les épingler sur tout le revers du matelas. J'en avais les doigts en sang chaque soir.

Abed couchait avec n'importe qui, il me transmettait toutes sortes d'infections. J'ai été voir la gynéco, elle a découvert que j'étais enceinte, elle était scandalisée. Elle lui a demandé de s'abstenir et de mettre un préservatif. Il a juré de prendre toutes ses précautions. Le lendemain, il rentrait drogué, il m'a prise dans ses bras, j'ai cru qu'il allait m'étreindre, mais il a mis sa main sur mon sexe, je l'ai repoussé, j'étais en train d'épingler les draps, j'avais poussé le haut du lit pour pouvoir passer, il est devenu fou de rage, il a vu que j'étais coincée entre le sommier et le mur, il l'a projeté de toutes ses forces contre mon ventre, je criais, il ne m'entendait pas, il avait sorti une fois encore son sexe et se masturbait en donnant des coups de pied au sommier. J'ai senti quelque chose exploser dans mon ventre, j'ai couru dans la salle de bains, je me suis allongée dans la baignoire, du sang coulait à profusion de mon sexe. Je ne bougeais pas, je ne disais rien, j'écoutais juste mon corps se vider enfin de toute sa violence. Il a ouvert la porte, il a vu la scène, il s'est enfui. J'ai eu le courage d'appeler ma mère qui m'a emmenée droit à l'hôpital. Sous l'effet de l'anesthésie, je me suis mise à tout raconter, les gifles, les viols, la sodomie, la drogue. J'ai ouvert les yeux, j'ai vu le visage de ma mère en larmes.

Abed est venu me chercher. Il me suppliait à genoux de revenir. Je me suis dit qu'il fallait que je lui donne une chance. Le soir même, il m'a prise dans ses bras et une fois encore je me suis laissée aller à blottir ma tête contre sa poitrine, de nouveau il a mis la main sur mon sexe. Je l'ai repoussé, il a levé la main pour me gifler, là, j'ai sorti le revolver de mon père :

— Tu me touches, je te fais exploser la cervelle.

J'ai demandé le divorce. Il m'a menacée de me mettre en "maison de soumission". En islam, quand un mari dépose une plainte contre sa femme pour abandon de domicile, les policiers la ramènent de force et le mari peut "la dompter" en l'enfermant chez lui, ou dans une cage d'escalier. Le soir même, j'ai été voir mes amis miliciens à Ouzaï, pour leur donner l'adresse d'Abed. Je leur ai demandé combien coûtait sa liquidation :

— Un quart de dollars, Darina, tu paieras juste le prix de la balle.

Je lui ai fait part de mon projet, il m'a envoyé le papier de divorce le lendemain.

19

Après mon divorce, j'ai retrouvé du travail à la radio et à la télé. Je gagnais beaucoup d'argent. Je passais beaucoup de temps à Hamra, à l'université, je sentais la pression des islamistes. Ma troupe répétait *La Conférence des oiseaux*, les barbus sont entrés dans la salle, ils ont mis leurs tapis de prière sur la scène, et ils se sont prosternés face à La Mecque. Je leur ai botté l'arrière-train. Sacrilège. Ils étaient huit, ils m'ont rouée de coups et ils ont tout cassé.

Ma mère était souvent à Chypre aux côtés de mon père, Rana avait trouvé un mari, Nayla était à Bruxelles. Moi, j'étais seule, je consommais plus de huit grammes de coke par jour. Elle était encore à deux cents dollars le kilo.

C'était le temps des massacres des chrétiens par les druzes. J'ai retrouvé dans une montagne des cadavres de femmes nues, entourées elles aussi de barbelés. Notre soif de sang n'avait plus de limite et la cocaïne ne me faisait plus d'effet. J'ai décidé de passer à la *free base*. Il y avait à Ouzaï un bidonville, pareil aux camps palestiniens où l'on trouvait des sauvages, de la drogue et des armes. Devant l'une des bicoques stationnaient les Mercedes des bourgeois qui venaient faire leurs emplettes. C'était la boutique d'Abou Ali, le Fauchon de la coke. Après avoir passé une lourde porte en fer à deux battants, je m'étais retrouvée dans un grand salon, les gens étaient assis par terre sur des matelas. Il m'a appris l'art de transformer la coke en *free base* : il faut prendre une cuillère à soupe, y déposer la cocaïne pure qu'on nappe d'une pincée de bicarbonate de soude avec une goutte d'eau. Après avoir préparé un verre d'eau avec des glaçons, on allume un briquet sous la cuillère, la poudre se transforme en huile. Il faut vite éteindre le feu et faire couler dessus quelques gouttes jusqu'à ce qu'elle devienne pareille à un caillou. Il faut alors prendre une bouteille d'eau en plastique qu'on transforme en narguilé. On allume la cocaïne posée sur un bout de papier aluminium et l'on aspire la fumée. On retient son souffle et on s'efforce de retenir le plus longtemps possible la fumée avant d'expirer. J'ai suivi à la lettre ses consignes, j'avais l'impression d'avoir le sang qui giclait de mon crâne, et qu'un immense courant d'air me traversait le corps, comme si je sortais de moi-même, comme si je me vidais de moi-même.

J'ai connu alors Ramzi, il avait vingt-six ans, il était musicien. Il avait un petit appartement à Hamra. Nous étions tout le temps ensemble, la guerre était là, mais on ne la voyait plus, insensibles, indifférents, nous étions dans une perpétuelle overdose de violence. Insensibles, mieux, nous étions en manque des endroits chauds, des coins dangereux, on courait vers les balles comme les papillons vers la lumière. Par peur de rencontrer Abed, je ne me séparais jamais de mon revolver, un Smith & Wesson. C'était le mois d'avril, les arbres bleus de Beyrouth étaient en fleurs. J'étais chez Ramzi, avec Hussein, un jeune étudiant qui attendait son visa pour émigrer aux Etats-Unis. Nous avions pris trente grammes de coke en quarante-huit heures, sans dormir. Un disque de Janis Joplin passait en boucle.

Ramzi jouait de la guitare, tard dans la nuit, il a eu une illumination :

— Et si on jouait à la roulette russe ?

J'ai ri et j'ai accepté tout de suite. Hussein n'était pas partant, mais il ne voulait pas se dégonfler devant nous. Ramzi était fébrile :

— Voici donc la règle, celui qui perd laisse sa dose au suivant, et même si quelqu'un meurt, il faut continuer de jouer. Le hit est plus important que la mort.

Ramzi a pris mon revolver. Il chantait *I Will Survive*. Ses yeux brillaient, il a pris sa dose de *free base*. Lentement, il a posé le canon sur sa tempe. Je le regardais, fascinée.

Tout se passe dans les yeux dans ce moments-là. Je sentais sa jouissance et je jouissais en même temps. Je comprenais enfin comment on pouvait distancer la mort, la doubler même, ne plus être à la merci d'une balle perdue, mais être à la merci de soi-même.

J'ai vu comment on pouvait coiffer la mort au poteau. Ramzi a appuyé lentement sur la détente, la balle n'est pas partie. Il était vivant, il sautait, il riait aux éclats :

— C'est extraordinaire, la *free base* c'est de la Vache qui rit à côté de la roulette russe.

J'ai pris le revolver, j'ai sorti la balle, je l'ai mise dans un autre trou du barillet avant de le tourner. Il se passe une éternité entre le moment où l'on pose le canon froid sur la tempe et celui où le doigt se pose sur la détente. Dans ma tête, j'entendais une voix me crier en crescendo : "Allez, vas-y, qu'est-ce que tu attends, qu'est-ce que tu attends, qu'attends-tu, mais tire." J'ai tiré, j'étais vivante. J'ai bondi, j'ai hurlé, je me sentais comme si on m'avait ouvert d'un coup la poitrine pour m'en arracher le cœur. Hussein m'a pris le pistolet des mains, au moment de tirer il a craqué, il s'est effondré en larmes en criant qu'il ne voulait pas mourir. Il nous faisait pitié.

J'étais trempée, je transpirais de la tête aux pieds. J'étais en nage. Il m'a fallu attendre au moins une demi-heure pour que

mes doigts soient un peu secs pour reprendre mon arme.

Hussein répétait machinalement que
nous étions fous, qu'il allait partir pour de
bon aux Etats-Unis, quitter ce pays de
merde. Je riais de sa frayeur :

— Trouillard, tu ne peux pas quitter le
plus beau pays au monde.

C'était le tour de Ramzi. Il était assis en
tailleur. Je me suis mise à quatre pattes
pour le voir de près. J'ai rapproché mon
visage du sien, mes yeux étaient dans les
siens, nos visages étaient collés l'un à
l'autre, nos lèvres se touchaient. Je lui ai
dit :

— Tu ressembles à Robert De Niro dans
The Deer Hunter.

Il a pris le revolver, sans tourner le barillet, il avait un sourire étrange, il continuait à fredonner :

> *First I was afraid*
> *I was petrified*
> *Kept thinking I could never live*
> *without you by my side*
> *But I spent so many nights*
> *thinking how you did me wrong*
> *I grew str…*

Il a tiré, sa cervelle a giclé sur mes cheveux. Hussein, recroquevillé dans son coin,
hurlait à la mort. Moi, j'ai repris la chanson là où Ramzi s'était arrêté

... grew strong
I learned how to carry on
and so you're back
from outer space
I just walked in to find you here

Je lui ai ouvert la main gauche, je lui ai pris sa dose et j'ai continué, comme il avait dit, le plus important c'est de continuer à jouer. "Le hit est plus important que la mort."

20

Le 23 octobre 1989, j'étais à Damas. Je vivais
une histoire d'amour fou. J'étais mariée
depuis un an avec Adel, un comédien
émouvant, fragile et jaloux, mais il ne
pouvait faire l'amour que dans le noir. Cette
nuit-là, nous avons dansé au *Cham Palace*.
Il avait bu. Il s'est écroulé. Il était en slip. Il
ronflait doucement. Je n'arrivais pas à trou-
ver le sommeil. Je regardais les pierres des
murs, les tapis qui recouvraient le sol. J'ai
voulu sortir pour marcher, mais comme je
me perdais tout le temps dans le labyrinthe
de la vieille ville, j'ai renoncé. Je me suis
levée pour aller dans la cuisine me préparer
un Nescafé à ma manière, une pincée sans
plus, et un demi-litre d'eau. J'ai allumé doucement la radio pour écouter le flash de
4 heures qui m'annonçait : "Aujourd'hui
tous les partis libanais réunis à Taef en Arabie
Saoudite ont décidé d'un accord de paix."
La première chose à laquelle j'ai pensé, ce
fut à quitter Adel. J'ai d'abord cru que cet

accord de paix était une blague, la guerre devait s'arrêter tous les jours depuis quinze ans. Je me suis habillée, j'ai fait mes bagages et j'ai pris un taxi pour Beyrouth.

A Beyrouth, rien n'avait vraiment changé, j'ai retrouvé les mêmes amoncellements d'ordures et les mêmes tribus de chiens errants. Je trouvais étrange de marcher dans les rues de la ville, sans les cris des miliciens, sans le bruit des balles. En quelques jours la ville allait changer complètement de visage, tout le monde était pressé de tourner la page, d'oublier les cent cinquante mille morts pour rien. Les snipers, les tireurs, les assassins se sont fondus en un clin d'œil dans la foule. Une armée d'assassins volatilisés par un coup de baguette magique qui s'appelle l'amnésie. La guerre avait fait plus de trois cent mille blessés, mais on ne voyait aucun infirme dans la rue. La société libanaise avait honte de ses handicapés, elle les avait cachés ou effacés comme des fautes d'orthographe. Chacun avait tourné la page, sans la lire, très vite. Les Libanais se sont débarrassés de l'histoire de la guerre comme d'un cadavre.

J'ai fait tout le tour de Hamra pour louer un appartement, mais aucun propriétaire ne voulait louer "à une jeune fille célibataire". Je suis passée à l'est où j'ai rencontré Dany, un Grec catholique. Il était réputé homosexuel, mon père était intrigué par notre relation.

— Tu es à Beyrouth, pas à Paris, les gens sont très méchants.

Souvent des gens m'interpellaient dans la rue :

— Alors, il n'y a plus d'hommes à Beyrouth pour que tu baises avec un pédé ?

Dany habitait à Badaro, non loin du musée, l'un des points les plus chauds durant la guerre. Il voulait se convertir à l'islam et moi je portais une croix en turquoise et me signais dans toutes les églises. Il aimait beaucoup faire l'amour. Je passais des après-midi entières avec lui. Dans notre chambre, il y avait un grand lit en bois, très large, les fenêtres étaient fermées tout le temps en raison du vis-à-vis avec un tripot où se jouaient nuit et jour des parties clandestines de poker. Il y avait par terre des tapis rapportés de mes séjours dans toutes les capitales arabes où je venais de jouer un film sur la condition des femmes. Je mettais toujours Nina Simone avant de me déshabiller, je me faisais couler un bain, je mettais des bougies, Dany faisait toujours déborder la baignoire. Je regardais sous l'eau ses mains me caresser les cuisses et ses doigts se perdre dans mon sexe taillé en forme de cœur. Je sortais mouillée du bain, il me léchait pour me sécher. J'aimais son sexe long et large, circoncis, dressé dans ma bouche. Dany souffrait d'une grave maladie de peau. Je n'ai jamais aimé les hommes beaux. Au moment de jouir, nos râles étaient

inévitablement couverts par les cris du tripot :

— Brelan dames, *y a maniak* !

— Quinte flush, *y a ars* !

La ville se reconstruisait, elle était ouverte, je pouvais circuler partout. Nous étions
tellement pressés de faire la paix que nous
avions oublié que la moitié du pays, le Sud,
était encore occupée par les Israéliens. Le
pays s'était divisé entre ceux qui avaient
connu la guerre et ceux qui étaient partis.
Nous, nous leur reprochions d'avoir fui, et
eux ne se consolaient pas d'avoir raté les
belles années de la guerre. Le gouvernement pour nous signifier la fin de la "débauche" avait fait voter une loin interdisant
aux hommes de prendre des femmes sur les
genoux en public.

Ma mère me suppliait alors de me marier,
j'étais à la merci de n'importe quelle des-
cente de police.

Nous nous sommes mariés à l'église
grecque catholique. Je m'étais fait baptiser
dans une église d'Alep en Syrie. Mais aux
yeux du prêtre je n'étais pas assez chrétienne, il m'a rebaptisée grecque catholique
sous le nom de Marie. Je croyais qu'avec ce
mariage j'allais enfin résoudre mes pro-
blèmes de papiers. Quelle joie ! J'ai couru
au bureau de l'état civil avec mon certificat de baptême, mais l'officier m'a expliqué
qu'étant syrienne il me fallait enregistrer
mon mariage en Syrie. Je suis allée à Damas, mais, là, on m'a signifié que j'étais

considérée comme musulmane et que mon mariage avec un chrétien était strictement interdit par "ma religion". Je me suis souvenue que Dany avait sur lui un certificat de conversion à l'islam signé par un imam de la prestigieuse mosquée Al-Azhar du Caire. Mais là, il fallait retourner à Beyrouth pour faire valider sa conversion par l'état civil qui nous refusa la procédure sous prétexte qu'elle risquait de déstabiliser l'équilibre entre les communautés !

Très vite, les choses allaient se dégrader avec Dany, il me suivait la nuit, fouillait mes affaires et reniflait mes culottes à la recherche d'une odeur d'homme. J'ai demandé à mon père quelle attitude prendre. Il était catégorique :

— Si jamais un homme quel qu'il soit porte atteinte à ta liberté de femme, répudie-le sans réfléchir.

J'ai pris rendez-vous avec le prêtre qui m'a informée que l'Eglise n'admettait pas du tout le divorce mais que pour dix mille dollars il pouvait éventuellement me faciliter les choses. Je me suis rendue au tribunal des romains catholiques. Le prêtre m'attendait :

— Ils sont où les billets verts ?

Je lui ai donné le sac. Il l'a remis à un novice en soutane pour compter les billets. En attendant qu'il finisse le compte, le prêtre lisait l'Evangile selon saint Marc. Aux mots "c'est bon", il m'a remis un certificat d'annulation de mariage sans me dire un mot.

J'ai repris ma vie de célibataire. Pour ne pas voir Beyrouth à la lumière, je vivais dans le noir, les rideaux tirés toute la journée. Je ne savais plus vivre sans la guerre, mon corps avait été programmé pour elle, depuis mon enfance, j'étais réglée par la peur, tous mes gestes n'avaient de sens que par rapport à elle, comment éviter les murs, les fenêtres, écouter le bruit, flairer le danger, traverser une rue, tout cela n'avait plus de sens avec la paix. Je ne savais plus aimer, ni baiser loin de la guerre, je ne pouvais pas dormir sans le murmure des balles. Du jour au lendemain, j'ai décidé de me faire la guerre, comme si je n'avais plus de goût à rien. Dans la rue, je me demandais tout le temps, en regardant les gens, qui avait tué et qui n'avait pas tué, qui avait violé et qui ne l'avait pas fait. Quand je baisais avec les miliciens sur la ligne de démarcation, je savais ce que je faisais et qui était quoi. Après la guerre, ils ont tous mis le même masque, les bourreaux se sont confondus avec les victimes. Je me couchais à 7 heures et je me réveillais vers 17 heures, je prenais un verre de whisky et j'attendais que la nuit tombe, que le ciel devienne bleu-noir avant de sortir. J'habitais à Achrafieh, je ne pouvais presque plus aller à l'ouest, je ne voulais pas voir ma ville en paix. Parfois j'allais en cachette à Hamra, j'avais peur, comme si je n'avais plus le droit de m'asseoir sur la plage, comme si je n'avais plus de place chez moi, parce que j'étais restée et que je n'étais pas partie comme les autres. J'avais repris la cocaïne qui était passée à cent dollars le gramme, je sniffais cinq cents dollars par nuit, le salaire moyen au Liban.

Un matin, j'ai été réveillée par des coups de feu, j'ai enfilé à la hâte une robe, je jubilais, je croyais la guerre revenue, j'attendais chaque nuit qu'elle revienne, j'en étais l'orpheline. Mais le concierge m'a fait déchanter :

— Ce n'est rien, la ville a donné l'ordre d'abattre tous les chiens. Ils ont mangé trop de Libanais.

Il ne restera pas un seul chien à Beyrouth.

La censure était de retour, il fallait présenter au bureau de contrôle les synopsis des films et les textes de théâtre. Il était interdit de faire allusion aux confessions et aux religions. Dans les feuilletons télé, il était interdit de donner des prénoms à forte connotation religieuse, comme Michel ou M'hamad, il fallait à la place Rami ou Samy. La police faisait de fréquentes descentes dans les librairies pour retirer des livres jugés subversifs.

Au cœur de Beyrouth, les pelleteuses étaient à l'œuvre, elles rasaient le cœur de la ville. L'entreprise de Hariri achevait de détruire avec des millions de dollars ce que la guerre avait épargné. En quelques mois aussi, le cœur historique de Beyrouth était rasé pour céder la place à un terrain vague et à des façades de luxe vides. Vides comme notre mémoire.

Mon père voyait très bien que j'allais à la dérive. Il sentait que je ne vivais pas très bien tous mes échecs en amour. Un soir où il avait un peu bu, il eut une idée de génie :

— Dis-moi, si ça n'a jamais marché avec les hommes, pourquoi tu n'essaierais pas avec les femmes, peut-être que tu y trouveras ton bonheur ?

J'ai pensé à Aline, une brune, aux yeux verts, et une peau blanche presque transparente, des cheveux châtains bouclés, elle me dévorait des yeux chaque soir au *Babylone*. Elle était excitante, nous avions des couilles toutes les deux. Le soir même je réservais une table pour deux au *Babylone*. Je la caressais en public, elle était morte de peur, je lui parlais de ma joie de lui faire l'amour, je l'embrassais sur la bouche, les serveurs nous regardaient éberlués.

Nous avons pris une chambre au *Palmyra* à Baalbek. Nous avons dansé au milieu des ruines, nous avons vu le soleil monter sur le temple de Bacchus et brûler sur la neige du Mont-Liban. Nous sommes montées dans notre chambre située dans une vieille demeure libanaise. Elle avait des murs hauts recouverts de toiles et de dessins de Cocteau, des meubles anciens, avec des soieries d'Orient. Il y avait deux lits très larges, en cuivre, avec des draps blancs et des oreillers en dentelles.

C'était comme si je repartais de zéro, le premier baiser de ma vie, la première caresse, j'avais une large *abaya* blanche, je me sentais dans un autre siècle, nous étions très intimidées, elle a commencé à me caresser le visage et le cou, je portais une chemise de nuit échancrée, nous nous sommes rapprochées l'une de l'autre, nos lèvres se sont effleurées à peine, nos langues ont fini par se lier l'une à l'autre, nous étions comme tétanisées par notre désir, elle ne voulait pas que je la touche ; doucement, elle m'a caressé les seins, le ventre, puis elle s'est engouffrée entre mes jambes, elle m'a ouvert les lèvres et m'a caressé avec sa bouche, avec les doigts, je sentais sa langue sur mon clitoris, et je ne sentais pourtant rien, je ne sais combien de temps elle a passé à m'embrasser le ventre et le sexe, mais je ne sentais rien, j'étais consciente de la beauté de l'acte, de l'éclat de ce corps de femme sur le mien, je regardais par la fenêtre ouverte les cyprès que secouait le vent, j'entendais au loin l'appel à la prière de l'aube, je mouillais dans sa bouche et sur ses lèvres, mais je n'arrivais pas à jouir, je me suis dit alors que je devais trop aimer les hommes.

J'ai bien sûr appelé mon père pour lui raconter mon histoire :

— Et alors, ma fille, tu sais qui tu es maintenant ?

— Non, papa c'est trop tôt.

Entre-temps les papiers de mon père avaient expiré. Il ne lui restait qu'un seul choix, aller à Damas pour obtenir son passeport. Je me suis rendue avec ma mère chez le responsable des services secrets syriens qui dirigeaient alors le Liban. Il nous a reçues à bras ouverts et riait de nos craintes :

— De quoi avez-vous peur, vous me faites rire, vous devez dormir au milieu des tombes pour faire des cauchemars pareils, la Syrie n'est pas un grand méchant loup, qu'il ne se fasse aucun souci, il y sera traité avec tous les honneurs dus à son rang.

Il nous a donné un papier avec sa signature.

A Damas, mon père devait se rendre à la section "palestinienne" pour être interrogé du matin jusqu'au soir, ils le laissaient rentrer dormir avec nous. Après dix jours d'interrogatoire, il a disparu. J'ai passé deux semaines à frapper aux portes de tous les bureaux de police et de renseignements. Un officier m'a reçue à la fin pour me dire que j'avais intérêt à quitter la Syrie sinon je risquais de rejoindre mon père. Celui-ci me raconta plus tard qu'ils l'avaient enfermé dans une cellule en verre, qu'ils ne le touchaient pas, mais qu'ils avaient placé des haut-parleurs qui diffusaient nuit et jour les cris des prisonniers qu'ils torturaient.

Mon père sera libéré après quarante jours de prison. Son frère Samy mourra quelques jours plus tard. Nous avons supplié de nouveau les gens de Damas de le laisser assister à l'enterrement de son frère aîné, mais cette fois-ci ils nous ont signifié qu'il était interdit de séjour sur le territoire syrien. Profondément blessé par cette peine, il avait fait une crise cardiaque, j'étais à ses côtés avant qu'il ne soit opéré à cœur ouvert. Il m'avait tenu la main avant de me demander :

— Si je meurs enterre-moi à Salamiyeh.

Les derniers temps, il était conscient que tous ses rêves de liberté, de laïcité, d'amour étaient partis en fumée. Il savait qu'il avait perdu. Au moment où les infirmiers sont venus le chercher, il m'a embrassée :

— Ma fille, si ta présence ne tient qu'à moi, je vais mourir pour te faciliter la tâche, mais ne reste pas dans cette ville.

21

Dans la nuit, le téléphone a sonné. Avant
de répondre je me suis dit que mon père
était mort. Il pleuvait, je ne voyais rien de
la ville.

Tout Beyrouth était dans la maison de
mes parents, les militaires, les journalistes,
les politiciens, et même les réfugiés palestiniens qui vivaient dans la clandestinité,
plusieurs étaient venus de l'étranger.

Le lendemain, nous avons pris la route
d'Arnoun, nous formions un convoi de plusieurs voitures, mon père était dans une ambulance, il faisait très froid, il pleuvait, la
terre était rouge et trempée, son odeur
montait au ciel, sur la route du littoral, la
mer était couverte d'une brume calme, le
monde semblait lavé. J'ai ouvert la vitre, je
sentais l'odeur de la pluie et celle de l'herbe
d'un vert intense qui ressemblait aux pistaches à peine cueillies. Je revoyais toutes
les images, les sentiers où nous avions fumé
notre première cigarette, la route prise par

la Volvo et le château de Beaufort dont j'avais été interdite à cause de vingt années d'occupation. La maison de grand-père avait été détruite par l'armée israélienne, nous avons trouvé refuge dans la maison d'un oncle. Nous y sommes restés le temps que les hommes creusent la tombe. Nous avons placé mon père sur la table de la cuisine, dont les murs étaient éventrés par les bombes. Avant la prière du zénith, les hommes sont venus chercher mon père. Il y avait un cheikh, pour la prière des morts. J'ai crié :

— Arrêtez, il ne voulait pas de prière.

Les hommes m'ont repoussée :

— Allez dégage, les enterrements sont interdits aux femmes.

Ils l'ont enterré comme l'exige la tradition musulmane, sur le côté droit, le visage tourné vers La Mecque. En une minute tout était fini. Les hommes se sont éparpillés, je suis restée seule devant la tombe. Dire qu'il m'avait demandé d'être enterré le visage tourné vers le château des croisés : "En fanfare, ma fille, avec du saxo et des trompettes." Je fouillais la terre fraîche en murmurant la même phrase :

— Maintenant que tu n'es plus là, à qui vais-je raconter mes histoires ?

Je ne voulais pas rester au village. Je suis rentrée à Beyrouth. Le soir, j'ai eu envie de sortir, de prendre un verre à sa santé. Je suis allée au *Babylone*, j'ai demandé un loody Mary, sans alcool, j'ai fait signe au DJ de lancer *Siner Man* de Nina Simone et je suis entrée sur la piste. Je ne sais pas pourquoi, j'ai eu envie de relever mon tee-shirt pour exhiber mes seins. J'ai senti une main m'agripper par les cheveux. C'était l'homme qui avait mis la cassette du Coran. Il était avec six gaillards. Ils m'ont fait faire trois fois le tour de la piste en me traînant par terre. Les gens faisaient semblant de ne pas me voir, ils s'écartaient pour leur céder le passage, je criais, et je n'arrivais pas à croire ce qui se passait, les hommes détournaient le regard comme s'ils ne me connaissaient pas, tous mes amis de vingt ans, je n'existais plus, ils m'enjambaient et continuaient à danser sur la musique de Nina Simone. Certains applaudissaient :

— Elle se prenait pour une star, c'est bien qu'un homme la remette à sa place.

Toujours en me tirant par les cheveux, ils m'ont traînée sur un escalier en pierre. Je sentais mes côtes se fracasser au contact des marches. Je criais. Personne ne bougeait dans cette boîte où j'avais passé presque toute ma jeunesse. Les hommes rassuraient la clientèle :

— Son père n'a pas su l'éduquer, nous allons refaire son éducation.

A la terrasse, il y avait une fille qui faisait du théâtre qui a crié :

— Mais c'est Mme Darina !

Elle a été repoussée avec violence. Une fois dans la rue, ils ont essayé de me faire monter de force dans une voiture. Je me suis cabrée, j'ai donné un coup de pied qui a brisé la vitre de la portière. Là, ils sont devenus fous, ils m'ont mis la tête dans le caniveau. Un videur a tenté de s'interposer :

— Vous êtes fous de frapper une nana, lâchez-la.

L'un des hommes lui a répondu :

— Tu sais ce qu'elle a fait cette salope ?

— Non ?

— Elle a dit que le Coran c'était de la merde.

Le videur m'a prise, il m'a fait une clé de judo :

— Vous pouvez y aller mes frères, je la tiens la salope.

Ils se sont acharnés sur moi à coups de poing. Je tentais de me protéger le visage, je sentais ma bouche remplie de sang. Puis ils m'ont collée contre une grille dont les barreaux étaient entourés de barbelés. Je sentais les pointes me lacérer le dos. Je suis tombée, j'ai senti avant de perdre connaissance qu'ils s'essuyaient les pieds sur mon corps, sur mon visage. Nayla est arrivée en hurlant, elle m'a arrachée de leurs mains, elle m'a emmenée chez moi.

J'ai ouvert les yeux, j'étais chez moi, jetée par terre. Ma première pensée a été de courir à la salle de bains pour voir ce qu'ils avaient fait de moi. Une fois devant le miroir, j'ai relevé doucement la tête. J'ai fait comme si j'étais une caméra, comme si j'étais le miroir. Quand j'ai vu mon image, j'ai hurlé :

— Papa, les fils de pute !

Je ne me suis pas reconnue, j'avais l'œil droit explosé, il était bleu-mauve, les nerfs étaient complètement éclatés. J'avais du sang qui me coulait du tympan, j'avais deux côtes explosées, de la boue sur le visage et le dos labouré par les barbelés. J'avais la lèvre fendue, l'arcade sourcilière déchirée, la mâchoire démantibulée, mes yeux ressemblaient à ceux de mon père au lendemain de l'attentat, j'avais le tympan explosé. Ma mère est arrivée au milieu de la nuit, elle gardait les yeux baissés, elle n'osait pas me regarder, je hurlais, je voyais des visages flous, tout dansait devant mes yeux. Comme je ne pouvais plus bouger, elles ont décidé de m'emmener à l'hôpital, je ne me souviens pas de la route, je ne me souviens pas de la voiture, nous sommes arrivées à l'hôpital grec orthodoxe. Je riais en regardant les marques de chaussures sur mon ventre, j'ai été admise aux urgences. J'ai passé les radios, j'avais les côtes déplacées, les analyses n'ont révélé aucune trace de cocaïne ou d'alcool dans le sang.

Les infirmiers qui me connaissaient s'étonnaient :

— Madame Darina c'est un maquillage pour un nouveau rôle ?

Le médecin a déclaré qu'il fallait me garder une nuit, pour que je puisse surmonter le choc. De ma chambre, j'appelais tous mes amis pour leur raconter mon histoire. Vers 4 heures, les infirmières m'ont arraché mon portable et ont débranché le téléphone. Quelques minutes plus tard, trois colosses moustachus ont fait irruption dans la chambre, l'un d'eux avait une seringue, je lui ai demandé ce que c'était, il m'a répondu que c'était juste un calmant pour dormir. Quand je les ai vus s'approcher de moi, j'ai sauté du lit, ils m'ont rattrapée dans le couloir. Ils m'ont plaquée au sol. J'ai senti la piqûre, mes yeux se sont fermés d'un coup, le trou noir. Je ne sais pas combien de temps a duré mon sommeil, quand j'ai ouvert les yeux, j'ai vu que j'étais dans une voiture, l'aube se levait sur Beyrouth, toute jaune à cause des lumières au sodium. J'ai tenté de me gratter la tête, mais je ne pouvais pas, j'étais comme ligotée : ils m'avaient mis une camisole de force. Au loin, je voyais ma mère, mes sœurs et un oncle. Leurs visages me semblaient énormes. Je regardais les murs, les immeubles, j'entendais les employés de la voirie, je ne pouvais pas parler, j'avais un goût de sang dans la bouche, j'avais une seule question en tête : est-ce que mon père sait ce qui m'arrive et que ferait-il s'il me voyait dans cet état ? Je me suis endormie de nouveau. J'ai ouvert une deuxième fois les yeux, j'étais dans une chambre, ligotée sur une table en fer, il y avait une lumière blanche crue, un infirmier moustachu et une infirmière, avec une coiffe blanche de bonne sœur. Elle tenait une seringue à la main et me visait avec, effrayée, en disant :

— Attention, elle se réveille. Il faut la piquer, il faut la piquer.

J'ai voulu dire quelque chose, mais la piqûre est arrivée trop vite.

Des heures plus tard, j'émergeais, j'étais encore ligotée sur un lit, les murs étaient jaunes, recouverts de lino, la fenêtre était condamnée par des barreaux. Au-dessus de ma tête, il y avait un grand crucifix et une icône de la Vierge. Je sentais mauvais. J'avais pissé sur moi et j'avais vomi sur mon ventre toute la morphine.

Je ne savais pas où j'étais. La bonne sœur venait vers moi en tremblant, comme si j'étais un fauve. Je l'ai suppliée de me dire au moins où j'étais. Elle a fini par me répondre :

— Tu es une folle et tu es à l'hôpital des femmes folles à Jounieh.

Le lendemain, je me suis retrouvée dans un immense salon, j'étais assise sur une chaise avec ma camisole de force, les fenêtres avaient des vitres opaques, le long des murs, il y avait une rangée de canapés en cuir vert, des bouquets de fleurs en plastique couverts de poussière et des images de la Vierge partout. Dans un angle, une télévision accrochée au mur diffusait des vidéo-clips en arabe. A chaque mouvement, les bonnes sœurs me giflaient. Au fond de la pièce, des femmes étranges tenaient des chapelets chrétiens et faisaient leur prière en regardant la télévision.

La plus âgée est venue m'embrasser et me dire :

— Je suis ravie de te rencontrer Glub Pacha.

Une autre, un peu moins âgée, avait un jeu qui consistait à passer d'une femme à l'autre et à lui péter au visage. Elle sentait le cadavre. Toutes les femmes donnaient l'impression d'avoir plus de cent ans et d'être là depuis des siècles. Dans ce groupe, j'ai reconnu un visage familier, celui de Zeïna qui dansait avec moi au *Back Street*. Elle m'avait reconnue elle aussi, elle me caressait les cheveux en me parlant en anglais. Elle m'a chuchoté :

— Si tu veux sortir d'ici vivante, accepte ton état de folle.

J'ai passé la journée ligotée à observer toutes les folles. Je voyais toutes ces femmes et j'ai compris que je payais le prix de ma liberté insensée de femme dans ce pays d'insensés. J'ai compris qu'il fallait que je fasse tout ce qu'ils voulaient.

Nous étions réveillées à 6 heures pour prendre la douche, nous étions alignées nues, il était interdit de fermer les portes, les baignoires étaient noires, les vitres cassées, il n'y avait pas d'eau chaude mais une eau froide glacée, les infirmières nous fouillaient tout le temps, il faisait froid, j'avais le corps bleu. A cause des médicaments, je faisais pipi sur moi tous les jours et pour me punir elles m'obligeaient à nettoyer les toilettes, les cuvettes étaient toujours bouchées, il fallait les dégager à coups de manche à balai. Je dormais avec la camisole que les infirmières me mettaient à 21 heures pile. Au troisième jour, j'ai rencontré le psychiatre qui m'a informée que ma famille se plaignait de moi, parce que je parlais trop, je riais beaucoup et je dansais trop. Je lui ai répondu naïvement :

— Oui, je parle trop car parfois je vois des choses et j'entends des choses.

Il a eu une réaction d'épouvante :

— Vous entendez des choses ?

J'ai compris que j'avais commis une erreur :

— Non, docteur, je vous jure que je n'entends rien, que je ne prends rien, que je ne vois rien.

Tout en rédigeant une ordonnance pour me prescrire des calmants pour fous dangereux, il me mettait en garde :

— D'accord, mais jurez-moi de ne rien dire à la mère supérieure des coups que vous recevez, personne ne vous a giflée, personne ne vous a frappée.

J'ai été reçue par la mère supérieure, dans une pièce minuscule, avec un bureau en cuir et en métal, et un téléphone en bakélite. Un décor de Seconde Guerre mondiale. Il y avait des Evangiles partout, des images de la Vierge et des armoires métalliques avec des dossiers en carton. Sœur Simone, une femme énorme, était habillée en blanc, elle avait au cou une grande croix en argent, des lunettes, avec une voix douce, elle m'a expliqué qu'il m'était interdit de téléphoner, d'aller seule dans le jardin, que j'étais là juste pour me reposer, dormir et prendre l'air pour me refaire une santé.

Dans le réfectoire, il y avait des tables en fer, couvertes de toiles cirées. Les repas nous étaient servis dans de grandes bassines. Les bonnes sœurs m'avaient permis de ne pas manger de viande, je me contentais de pommes de terre bouillies et de pain rassis. Il était interdit de vomir la nourriture ou de refuser un plat. A côté du balcon, il y avait un petit fumoir, j'avais droit à deux cigarettes par jour, je fumais les miennes jusqu'au mégot. Personne de ma famille ne s'était manifesté. Ma mère m'envoyait des vêtements par un chauffeur nommé Georges qui me jetait les ballots avant de se sauver. Un jour, j'ai croisé un de mes amis gay, médecin, j'ai couru vers lui pour qu'il me sauve. Il m'a repoussée :

— Va-t'en, ne dis pas que tu me connais, sinon ils vont croire que je suis comme toi.

Je passais des heures à regarder les femmes dans la salle de télévision, certaines étaient très calmes et n'étaient pas folles. J'ai découvert à la fin qu'elles étaient là, incarcérées à la demande de leur famille.

Camille qui avait des immeubles dans le 8e arrondissement à Paris avait été internée par sa famille qui voulait s'emparer de ses propriétés. Anna était là depuis des mois, à la demande de son mari qui voulait en épouser une autre. Un jour, ils ont admis une fille de Baalbek, Leïla, les infirmières l'appelaient la musulmane. Elle était là à la demande de son mari qui voulait prendre une seconde femme. Dès qu'elle mettait le foulard et prenait un tapis pour faire sa prière, les bonnes sœurs se ruaient sur elle, la frappaient, lui mettaient la camisole. Elle était belle, avec de grands yeux, elle les suppliait : Mes sœurs, je vous aime, je vous aime.

Moi, je jouais à la chrétienne, je passais des heures à genoux devant la statue de la Vierge. Il fallait tout accepter pour devenir folle. J'avais peur de jouer le jeu, d'accepter d'être folle et de le devenir réellement. Je me sentais seule, j'étais seule. La nuit, je me réveillais et, comme il était interdit d'écrire, je regardais le ciel et j'écrivais avec mon doigt et dans l'air des lettres à mon père. J'étais assommée par les médicaments, je marchais tête baissée, je souriais comme les autres. Les infirmières m'administraient des pilules au réveil, à midi et le soir, ainsi que des injections de morphine. Le couvent était divisé en quatre étages, le premier était réservé aux femmes riches en cure de désintoxication, le second aux troubles légers, le troisième aux cas lourds, comme le mien, et le sous-sol aux folles furieuses. Le soir, j'entendais les cris des femmes qui se faisaient battre dans les sous-sols. Au quinzième jour, le psychiatre est venu me voir :

— Il paraît que votre conduite est irréprochable, que votre santé s'améliore, que vous obéissez et que vous prenez gentiment vos médicaments. Tenez-vous bien, votre famille viendra vous voir cette après-midi dans le parc.

Le couvent de la Croix, l'hôpital des femmes folles, domine toute la baie de Jounieh, il y avait un pin immense, j'étais sur un banc de pierre. J'ai entendu le bruit d'un moteur. Un taxi a déposé ma mère. Elle s'est assise en face de moi sur un banc, j'ai voulu l'embrasser, mais le psychiatre m'a fait signe que non de la tête. Je me suis maîtrisée, je ne devais pas crier, ni élever la voix, je tenais à leur donner l'impression d'être domestiquée pour de bon. Ma mère souriait, j'avais la tête baissée, un sourire béat, elle me regardait, elle semblait heureuse. Elle m'a demandé :

— Ma fille, tu es heureuse ?

— Oui, maman, je suis très heureuse, grâce à vous.

Le psychiatre qui assistait à l'entretien m'a alors prévenue :

— Nous sommes tous d'accord sur une chose, nous allons te libérer à une seule condition, que tu arrêtes de sortir, de danser, de boire, les insomnies, sinon nous t'internerons de nouveau, nous te ramènerons ici, compris ?

Moi, je jouais à la béatitude, je souriais, j'acquiesçais :

— Oui, docteur, oui docteur, oui docteur, je vous le jure.

Je regardais ma mère et le psychiatre. Criminels, qui vous dit que je ne vais pas me suicider, savez-vous le nombre de cris que j'ai refoulés en moi pour ne pas devenir folle, pour ne pas crever ? C'était la première fois de ma vie que je ressentais la peur d'être abandonnée là pour de bon. J'ai repassé tout le film de ma vie, toutes les scènes avec mon père, tous les hommes que j'avais connus, toutes les villes arpentées et j'entendais le rire de mon père quand il disait : il est interdit d'interdire.

Je n'avais jamais connu la peur, dans les pires moments de la guerre, je rigolais sous les F16, je dansais aux moments des pires massacres, je faisais l'amour sous les bombes, mais au couvent de la Croix je tremblais tout le temps, j'avais peur des gifles des bonnes sœurs, peur de faire pipi, de laver les toilettes. Les femmes que je voyais autour de moi étaient pareilles à toutes les femmes que j'avais vues dans le monde arabe : des bêtes de trait. J'ai compris notre vulnérabilité de femmes, on a beau être une vedette, médecin, une célébrité, au moindre faux pas la femme redevient femme, bête de somme qu'on enchaîne comme on veut. J'avais peur de moi, je savais que je pouvais jouer le rôle de la folle et que je risquais de le rester pour de bon, cela m'était même plus facile que d'affronter cette société qui ne sait faire vivre les siens qu'avec un sentiment de honte. J'avais décidé de vivre, il fallait faire des compromis, il me fallait jouer leur jeu, en même temps, je voulais sortir du tunnel, aller vers la lumière. Toute ma liberté n'était qu'une illusion, il m'était plus facile en fait de rester avec les folles qui m'aimaient vraiment. Je pensais à Soumaya qui était amoureuse de moi et qui se jetait sur moi, me mordait jusqu'au sang. Il était plus facile de vivre avec elle qu'avec la société de Beyrouth où j'avais sur le dos toutes les étiquettes, droguée, pute, folle, lesbienne, athée…

J'avais préparé toutes mes affaires dans un sac-poubelle, les murs étaient gris-bleu, l'air sentait le froid et la mort, je suis arrivée au rez-de-chaussée, personne de ma famille n'avait osé venir voir où j'étais, personne ne savait dans quel lit je dormais, dans quelle gamelle en zinc je mangeais.

J'étais tellement heureuse que j'avais mis en scène une chorégraphie sur les vidéoclips avec les femmes. Les mêmes chansons passaient en boucle, les femmes les avaient apprises par cœur. Nous avons fait un karaoké.

J'ai dormi avec mes chaussures en attendant ma libération. Le lendemain, personne ne s'est présenté pour me libérer. La mère supérieure a voulu me faire un cadeau :

— Ma fille, je t'autorise à aller chercher des pains à la boulangerie du couvent.

Qu'est-ce que j'étais fière ! Je portais les baguettes comme des lingots d'or. Comme je n'avais aucune nouvelle de ma famille, j'ai prié un des assistants de me prêter son téléphone pour que j'appelle ma sœur. Il avait peur :

— Ecoute, je vais laisser le téléphone là sur la table, et je dirai qu'on me l'a volé.

Au bout du fil, ma mère était très gênée :

— Nous ne pouvons pas te libérer pour l'instant, ton internement a coûté sept mille dollars et je n'ai pas cette somme.

Le cauchemar n'était pas fini. J'ai appelé un vieil ami qui avait fait fortune durant la guerre. Il m'a envoyé la somme dans l'heure qui suivait. Il insistait juste pour que je le rembourse en nature.

J'ai franchi la porte, ma famille m'attendait, je ne croyais pas que j'étais libre, j'ai fait semblant d'embrasser ma mère.

J'avais peur de pleurer et que voyant mes larmes elle ne me ramène à l'asile. Le psychiatre m'avait prévenue : toute personne qui passe par le couvent fait l'objet d'un certificat d'internement, à n'importe quel moment et jusqu'à la fin de sa vie, n'importe quel membre de sa famille peut alerter la police sur sa conduite et la personne sera de nouveau internée.

Ma mère avait sur les genoux mon traitement obligatoire, des boîtes de Lithium dix milligrammes, six comprimés, et du Rivotril dix milligrammes, six comprimés par jour.

J'ai toujours pensé que Beyrouth avec sa saleté, sa merde était la plus belle ville du monde, mais en sortant ce jour-là je n'avais pas le moindre sentiment, la moindre attache à cette ville qui n'existait plus à mes yeux, je m'étais effacée complètement de ses rues, de ses murs, de sa mer. Je payais en fait la facture de trente années de liberté illusoire dans cette ville d'hypocrites, de mensonges, de maquillage. Il y avait un embouteillage monstre sur l'autoroute. Les Libanais conduisent comme ils font l'amour, très mal. Ma mère me répétait les consignes du psychiatre :

— Tu promets de ne plus danser, de ne plus boire, de ne plus fumer, de ne plus sortir avec des hommes, de ne plus parler comme avant, sinon…

Je regardais la ville qui me semblait une vaste prison. Tout Beyrouth dans ma tête était devenu le couvent de la Croix. Comme si on m'avait greffé des barreaux dans les yeux. J'ai hoché la tête pour lui dire que j'étais d'accord sur tout.

Je suis morte au couvent de la Croix et j'y suis restée. Je suis née le jour de ma sortie.

Le lendemain, j'étais à l'aéroport, je voulais partir à Londres, mais tous les avions étaient complets. Il restait une place pour Paris. Je l'ai prise. Paris que je ne quitterai jamais.

Nina Simone
Maria Callas

B∆BEL

Extrait du catalogue

Achevé d'imprimer en juillet 2017 par Normandie Roto Impression s.a.s. 61250 Lonrai sur papier fabriqué à partir de bois provenant de forêts gérées durablement (www.fsc.org) pour le compte d'ACTES SUD, Le Méjan, Place Nina-Berberova, 13200 Arles.
Dépôt légal 1re édition : octobre 2010.
N° d'impression : 1702996
(Imprimé en France)